KB074460

스타트업과 소상공인을 위한 지식재산권

장진규·정성훈 공저

마지원

저자의 말

《우리 회사 특허관리하기(2015)》에 이어 2판 격인 《우리 회사 특허관리(2017)》를 세상에 선보인 지 어느새 5년이 지났다. 강산이 절반 정도 바뀔 시간인 만큼 코로나-19의 창궐과 러시아-우크라이나 전쟁에 이르기까지 현재를 살아가는 모든 인류가 세계사적으로 큰 변화를 헤치며 살아가고 있다. 마지막 출판 이후 특허를 비롯한 지식재산(IP) 제도의 변경이나 정책 변화를 반영하기 위한 작업이 필요하지 않으냐라는 얘기도 간간이 들었지만, 필자도 다른 사람들과 마찬가지로 격동의 세월 속에서 하루하루 헤쳐나가느라 바쁘다는 핑계로 기대에 부응하지 못한 것은 아쉬움으로 남는다.

세상에 어떤 어려움이 있더라도 더 희망찬 내일을 위한 도전은 계속되고 그것이 우리가, 나아가 사회와 인류가 발전하는 원동력임을 믿어 마지않는다. 우리나라에도 유니콘 기업이 다수 등장했고, 미디어의 발달과 기획력에 힘입어 동네 소상공인이 TV 스타가 되어 대형 프랜차이즈의 지원을 받고 성장하는 방정식이 어색하지 않게 되었다. 마켓 컬리는 어느덧 증권시장 상장을 추진하고 있고, 연돈 돈카츠는 백종원 대표의 픽(pick)에 포함되어 어느덧 2호점 격인 연돈볼카츠가 성황리에 영업하고 있다. 종래에는 정부 주도의 개발계획에 따라 많은 자본과 인력을 투입하여 중후장대 산업을 일으키는 것이 특허법의 목적인 산업 발전에 이바지하는 주요한 방식이었다면, 이제는 중공업뿐 아니라 전자상거래나 문화 콘텐츠, 나아가 K-푸드로 대표되는 음식에 이르기까지 그리고 소자본으로 시작하는 스타트업과 소상공인의 사업도 규모 있는 사업으로 성장할 수 있는 시대가 되었다.

그러나 여전히 아쉬움이 남는 부분이 없지 않다. 널리 알려진 덮죽의 사례는 오랫동안 장사를 해온 음식점 주인이 TV 방영일에 이루어진 제3자의 상표 출원으로 인해 번거롭고 불안한 일을 겪을 수 있다는 것을 전 국민이 인식하게 되었다. 덮죽만큼 알려지지 않았을 뿐, 이곳 제주에서도 상표를 선점당해서 법적으로 불안한 상태에 놓인 식당과 소규모 점포들을 심심치 않게 볼 수 있다. 당연히 전국으로 확대해보면 피해 규모가 훨씬 크리라는 것을 어렵지 않게 짐작할 수 있다. 그럼에도 다양한 곳에서 실시되는 지식재산(IP) 교육의 커리큘럼을 보노라면, 과연 이 교육을 받고 소상공인이든 스타트업이든 IP에 관한 한 초보 사장이 무언가 대책을 세우고 액션 플랜을 마련할 수 있겠느냐는 의구심은 여전하다.

필자는 글로벌 기업의 특허 출원과 분쟁, 공공 부문에서 기술 이전 업무를 담당하다가 2017년부터 2021년까지 5년간 제주에서 다양한 초보 사장들을 상대로 상담 창구를 운영하였다. 소위 IP에 있어서는 선수들이라 할 수 있는 대기업이나 기술 이전 전담 조직을 보유한 기관들과는 달리, 초보 사장들에게 적절한 교육이나 상담이 이루어지지 못하고 있을 뿐 아니라 스스로 찾아보려 해도 적절한 가이드가 없어 애로를 겪는 것에 마음이 아팠다. 유명 스타트업의 대표가 선수들 용으로 출판된, 필자가 이전에 펴낸 책을 구입하여 참고하는 모습까지 보면서 쉽고 바로 적용할 수 있는 가이드의 필요성을 절실히 느끼게 되었다.

소상공인이든 스타트업의 설립자든, 초보 사장을 상대로 하는 IP 교육은 달라야 한다는 것이 필자의 생각이다. 열역학부터 4행정 엔진의 원리와 정비 교본을 탐독하는 것이 자동차를 잘 사용하는 데 도움이 될 수는 있겠지만, 모든 운전자가 자동차 공학이나 정비를 터득하는 것은 현실적으로 불가능하다. 설사 가능하다고 하더라도 그 시간과 노력을 생각하면 현실성 있는 대안이 아니다. 그보다는 운전면허 시험에 나오는 기본적인 소양은 갖추되, 믿을 수 있고 적절한 자동차 정비사나 정비업소를 찾는 방법, 정비사에게 고장 내용을 효과적으로 전달하는 방법을 교육하는 것이 실효적이다. 마찬가지로 특허법이나 발명진흥법의 법률가다운 표현이 가득한 교안으로 특허법 이론을 가르치고, 특허명세서를 작성하는 실습을 시키는 것은 특허제도의 이해에 도움은 될 수 있을지언정 현실성이 부족하다. 차라리 나의 기술에 맞는 변리사나 특허법인을 어떻게 찾을 수 있는지, 어떻게 하면 수준 미달이거나 무면허(잘 알려지지 않은 사실로, 자격은 있으나 면허는 없는 변리사가 꽤 있다)인 변리사를 피할 수 있는지, 어떻게 하면 담당 변리사에게 내 요구 사항을 효과적으로 전달할 수 있는지를 알려주는 것이 바람직하다. 이처럼 일반인을 대상으로 하는 기존 IP 교육의 틀을 깨고자 하는 마음에 이번 졸고를 세상에 내보이게 되었다.

대중은 갈수록 책은 멀리하고 멀티미디어 콘텐츠에 몰입한다. 국내 출판시장이 녹록지 않아 아무리 좋은 원고라도 지식재산(IP)에 관한 책은 세상에 내보이기가 쉽지 않다. 온 국민이 열광하는 주식, 암호화폐나 부동산 투자에 관한 책이라면 시장이라도 크겠지만, IP 책을 다시 펼쳐 보이려고 하니 그 과정이 순탄치 않았다. 아무리 대의명분이 중요해도 과정이 지난한데 그냥 강의나 하면서 개인적인 수익이나 얻을까 하고 생각할 즈음에, 특허 뉴스 이성용 대표님의 네트워크가 빛을 발했다. 분야가 생소함에도 원고를 보고 흔쾌히 출간을 결정한 도서출판 마지원 노소영 대표님의 선구안에도 감사의 말씀을 전한다.

5년간에 걸친 공공 부문에서의 근무를 마치고 2021년 하반기에 특허법인 팬브릿지에 합류하여 개업 변리사로서는 초보 사장이 된 필자에게 회사 경영에 큰 도움을 주는 정성훈 대표변리사, 박병천 대표변리사와 김민우 파트너 변리사에게도 고마운 마음을 전한다. 특히 정성훈 대표변리사는 이번 집필에 본인의 경험을 토대로 하는 소중한 사례를 더하여 공저자로 참여해주었다. 제주지식재산센터에서 함께 근무한 강동환 컨설턴트의 조언은 이번 집필에 많은 영감을 주었다.

그리고 언제나처럼 필자를 물심양면으로 응원해주시는 부모님과, 판매량으로는 평생 따라갈 수 없는 베스트셀러 작가이자 사랑으로 필자를 보살펴 주는 아내 고아라에게 큰 감사의 마음을 전한다.

변화하는 세상과 어지러운 환경 속에서도 지식재산(IP)의 중요성과 근본 원리에는 큰 변동이 없었다. 기본적인 역량과 상식을 장착한다면 초보 사장들이 창업 초기에 중요한 IP를 놓쳐서 낭패를 보는 일을 겪지 않고 글로벌 유니콘으로 나아가는 데 디딤돌이 될 수 있을 것이다. 이 책이 미래의 유니콘이 될 초보 사장들에게 조금이나마 도움이 되기를 바란다.

2022년 8월
제주에서
저자 장진규

contents

PART 2 특허 · 상표로 세상 읽기

1. 특허를 왜 받으시려고요?

특허(特許)라고 하면 무엇이 생각나는가. 특허는 특별히 허락을 받았다는 뜻이다. 특허법에서는 특허권자가 업(業)으로 특허발명을 실시할 권리를 독점한다고 말한다(특허법 제94조 제1항). 좀 더 풀어 설명하자면 남들로 하여금 내가 특별히 허락받은 범위에 대해서는 남들이 함부로 쓰지 못하도록 배척할 권리를 받게 된다는 것이다. 이처럼 '나만 쓰고 다른 경쟁자는 사업적으로는 못 쓰게' 하는 대신, 아이디어의 내용은 온 세상에 공개하는 것이 특허의 본질적인 목적이다.

이처럼 특허의 본질을 좇아 자신의 아이디어를 특허로 보호받고 싶은 분이 있는 반면, 다른 목적으로 특허를 찾는 경우도 자주 본다. 대표적으로는 대학이나 연구소에서 정부의 지원을 받아 연구를 한 경우에 연구개발 실적으로 특허출원이 필요한 때가 있다. 형식적인 건수 늘리기가

스타트업과 소상공인을 위한 지식재산권

9

그림 0-1 특허받은 피자도우(왼쪽)와 마라도 특허 짜장면(오른쪽)

바람직하지 않다는 지적 때문에 요새는 많이 줄어든 것 같지만, 어쨌든 연구 성과로 내세우기가 좋은 것이 특허성과일 것이다. 또한 내 제품이나 서비스가 특허로 인정받았다는 홍보나 마케팅에 필요할 수도 있다.

그뿐 아니라 정부지원사업에 선정되거나 투자를 받는 데 도움이 돼서, 또는 대출이나 보증을 받는 데 유리해서 특허가 필요하다고 말씀하시는 분들도 보았다. 벤처기업 인증을 받을 때 도움이 된다고도 한다. 이처럼 특허의 본질적인 목적 말고도, 적어도 우리나라에서만큼은 다양한 이유로 특허를 받으면 좋은 점들이 있는 것 같다. 이유가 무엇이든 특허를 받으면 모두가 행복해지는 일이 될 것이다.

그런데 특허를 받으려는 이유가 무엇이냐에 따라 특허를 받기 위한 전략도 달라진다. 특허의 본질에 충실하려는 경우라면 처음부터 정밀하게 발명 내용을 정리하고, 먼저 세상에 알려진 기술들을 찾아보고, 이 발명이 어느 범위까지 특허등록할 수 있을지를 고려해서 특허 내용을 특허 명세서에 세밀하게 적는다. 특허청 심사관이 특허등록을 거절한다고 연락했을 때도 세심하게 발명 내용을 수정하거나 반박 의견을 적어야 한다. 반면 남들한테 특허권 행사를 하지 않아도 좋고 무조건 특허 '쫑'이 필요하다면 거기 맞춰 써먹지는 못해도 특허증을 받는 데 유리하도록 전략을 바꾼다.

그래서 필자는 특허를 받고 싶어서 상담하러 오는 분들께 "특허를 왜 받고 싶으세요?"라고 묻는다. 그러면 많은 분이 "이 아이디어가 이렇게 훌륭하고 세상에 없던 것이라서"라거나 "이 아이디어가 펼쳐지면 세상 사람들에게 유익하거나 지구에 도움이 될 것"이라고 한다. 물론 좋은 취지이지만 특허를 받으려는 이유로 들기에는 다소 추상적이다. 나만 쓰고 남이 못 쓰게 해서 경제적 이득을 올리려는 이유 없이, 세상에 널리 퍼지는 것이 목적이라면, 굳이 비싼 돈을 들여 특허로 공개하지 않아도 된다. 신문이나 유튜브, 또는 특허청을 통해 무료로 인터넷 기술 공지를 하도록 해서 누구든 볼 수 있게 하면 된다. 차라리 특허권자로 특허증에 이름이 올라가는 명예를 얻고 싶다면 그 의뢰를 받아들여 수임하겠지만, 세상에 알리는 게 목적이라면 굳이 돈을 들이라고 권하지 않는다.

특허의 본질에 따른 특허가 필요하거나, 정부나 지방자치단체 등 공공지원사업에 유리해서 특허가 필요할 때도 꼭 내 아이디어에 대해 처음부터 특허신청을 해서 등록을 받아야만 하는 것도 아니다. 남이 받은 특허 중에서 내게 적당한 특허가 있으면 적당한 비용을 주고 사도 된다. 운이 좋으면 정부나 지방자치단체, 공공기관이나 기업들이 유지비 부담 때문에 무료로 나눠주는 이벤트를 통해 이전에 필요한 비용만 부담하고 등록된 특허를 바로 가질 수도 있다. 남에게 사 온 특허는 발명자에 내 이름이 올라가지는 않는다. 하지만 남이 지은 집을 빌리거나 사서 적절히 맞춰 살 수도 있는 것인데, 내가 오랜 시간을 들여 직접 집을 지어서 살아야만 하는 것은 아니지 않은가.

아무쪼록 특허나 실용신안, 또는 상표나 디자인이든 간에 내가 왜 필요로 하는지를 생각해보고 접근하는 것이 좋겠다. 그래야 나중에 후회하지 않는다.

2. 고장 난 차를 고치려고 정비사가 될 필요는 없다

필자는 무선통신 분야에서 잘 알려진 미국 퀄컴사를 대리하여 변리사 업무를 시작했다. 이후 S그룹 계열사의 특허팀, 서울 소재 대학의 특허관리와 기술라이선싱 부서, 그 외 특허법률사무소와 제주지식재산센터에서 근무하였다. 제주지식재산센터에서 근무하기 전까지는 특허를 포함하는 지식재산(Intellectual Property: IP)에 관한 전문가들이 고객이었던 셈이지만, 제주지식재산센터에서 예비 창업자나 초기 창업자, 또는 중소기업인들을 만나면서 변리사 인생의 큰 전환점을 맞이하였다.

고백하자면 IP 전문가들과 특정 기술 분야에 대해서 특허 업무를 할 때와 달리 일반인들의 질문과 요청에 적절한 안내 말씀이나 답변을 드리지 못한 적이 많았다. 분명 변리사 시험을 준비할 때 공부했고 시험을 치러 합격했음에도, 상표법이나 디자인보호법에는 다시 공부해야 할 정도로 생소한 것들도 있었다. 경우에 따라서는 저작권이나 부정경쟁행위, 영업비밀 등에 대해서도 따로 공부를 하고 판례를 찾아보기도 했다.

이처럼 필자가 IP 전문가라는 변리사로서 부끄러웠던 일들은 둘째치고, 특허에 관한 선수들과는 달리 처음 사업을 시작하려는 분들에게 적절한 가이드가 없는 것은 아쉬운 일이었다. 전국의 지식재산센터를 비롯하여 여러 곳에서 IP 교육이 진행되고 있지만 일반인의 눈높이에 맞는 내용이 적절히 전달되고 있는가? 필자의 답은 '그다지'이다.

일반인을 대상으로 하는 교육인데 여전히 특허명세서의 구조, 특허침해에 관한 특허법이론, 상표 요건을 가르치고 있다. 심지어 거절이유통지에 대한 대응으로 의견서 쓰는 법이 커리큘럼으로 제시되기도 하니 아쉬운 일이다. 차가 고장날지 모르니 자동차정비실기나 자동차공학이론을 배워야 하는가? 운전면허 시험에 나올 상식 정도의 기본적인 소양을 갖추는 건 좋다. 그러나 모든 사람이 정비사처럼 차를 고칠 줄 몰라도 되고, 자동차 회사의 엔지니어가 될 필요는 더더욱 없다. 설사 공부해서 알게 된다 해도 자기가 고치려면 장비나 폐유 처리와 같이 골치 아픈 일이 기다리고 있다. 운전자에게 필요한 것은 정비소에 가서 고장 내용을 잘 전달하는 것, 유능하고 정직한 정비사를 알아보는 것이다.

　초보 사장들에게는 지식재산(IP)도 마찬가지다. 내가 특허법, 상표법을 변리사 시험을 대비하듯 공부하는 것보다는 제품 개발과 마케팅, 판로 개척에 집중하는 것이 백배 낫다. 대신 어떻게 유능하고 나와 궁합이 맞는 변리사를 찾을 수 있을지, 그 변리사와 어떻게 상담을 할 것이고 무엇을 집중해서 점검할지를 알면 된다. 이제부터 초보 사장이 사업을 하면서 지식재산(IP) 관련 업무를 어떻게 시작해야 할지에 대해 하나씩 알아가 보자.

PART 1

특허 · 상표의 첫걸음

CHAPTER **01**

사업 아이템을 구상하면서

1

가게 이름은?
회사명은 뭘로 짓지?

(1) 사업자등록, 상호등기, 상표등록?

　　창업을 계획하고 준비하면서 나름 행복한 고민에 빠지게 되는 문제 중의 하나가 상호를 작명하는 것이다. 사업의 출발이 법인이든, 동네 구멍가게든 멋지고 세련되면서 고객의 시선을 끌 만한 상호를 고민하게 된다. 어떤 창업자는 이름난 작명소에서, 다른 창업자는 절이나 점집에서, 또 다른 창업자는 경영컨설턴트로부터 조언을 받거나, 직접 고민하여 상호를 결정한다. 그렇게 결정한 상호로 사업자등록을 하고 명함을 인쇄하며 간판도 제작한다.

　　보통의 사장님이라면 필요한 인허가를 받고 세무서에 사업자등록을 신청할 때 쓰는 신청서의 상호란에 가게 이름을 적어 사업자등록을 마치면서 영업을 시작하게 된다. 대부분의 스타트업이나 소상공인들이 겪는 과정이 여기까지다. 그런데 옆가게 사장님한테 들어보니 간판을 멋들어지게 디자인한 후 상표등록을 했다고 한다.

자세히 얘기를 들어보니 나보다 자금력이 좋은 사람이 같은 이름으로 더 크게 사업을 할 수 있어 방어 차원에서 상표등록을 했다는 것이다. 도대체 상호는 뭐고 상표는 무엇인지, 혼란스럽기만 하다.

표 1-1 상호와 상표

상호	상표
상법	상표법
세무서 / 등기소	특허청
중복 체크 정도	엄격한 심사
삼성전자 주식회사 / 애플 인크	갤럭시, 애니콜 / 아이폰

상호와 상표의 차이점을 표 1-1에 간단히 정리하였다. 간단한 예로 국민주식으로 일컬어지는 삼성전자의 상호는 삼성전자 주식회사이고, 삼성전자 주식회사를 상호로 쓰는 회사가 예전에는 애니콜, 현재는 갤럭시를 핸드폰에 상표로 사용하고 있다. 또한 캘리포니아에 있는 애플 인크를 상호로 쓰는 회사가 스마트폰에 쓰는 상표가 아이폰이다. 자영업자가 다수인 소상공인은 상표가 곧 상호인 경우가 많을 것이지만, 우리가 주변에서 접하는 상표들이 상호와는 별개인 경우가 많다. 상호명이 비바리퍼블리카인 회사의 핀테크 서비스에 쓰이는 상표가 토스인 것처럼.

상표는 표 1-1에서 볼 수 있는 바와 같이 특허청 심사관이 엄격한 심사를 통해 등록해줄 것인지를 결정한다(그래서 시간도 꽤 길린다). 반면 상호는 상표등록 수준으로 엄격한 실체심사는 하지 않고 중복 체크 정도가 이루어진다. 또한 상호는 등기를 하기도 하지만 사용주의에 따르는 것이어서, 예를 들면 사업자등록증에 있는 상호와 다른 가게 이름으로 간판

 애플 인크

Galaxy 삼성전자 주식회사

 ㈜비바리퍼블리카　　그림 1-1 **상표(좌)와 상호(우)**

을 만들고 거래를 하면 그 다른 상호가 인정될 수 있다. 하지만 누군가와 상호 사용을 두고 분쟁이 생겼을 때 내 상호가 얼마나 유명한지, 언제부터 썼는지를 증명하는 일이 쉽지 않기 때문에 등기를 하기도 한다. 법인으로 출발할 때는 어차피 등기를 하겠지만 개인사업자라도 상호를 등기할 수 있다. 다만 상호 사용을 금지하려면 등기를 했더라도 그 지역에서 서로 영업이 헷갈릴 정도라는 것을 입증해야 하는 점과, 향후 다양한 서비스나 제품으로의 확장, 그리고 지역적으로 대한민국 전체에 권리 행사가 가능하다는 점 때문에 상표등록을 택하는 것으로 본다.

(2) 그냥 쓰면 안 됩니까?

꿈에 부풀어 작명한 상호가 문제를 일으키는 사례를 종종 목격한다. 단지 자신의 상호명을 상표로 썼을 뿐인데도 상표권 침해 경고장을 받고 전전긍긍하는 사장님도 꽤 많이 보았다. 물론 자기 상호를 간판에 그대로 썼다면 대처 방법이 아예 없는 것은 아니긴 하지만 완벽한 것이 아닐뿐더러, 경고장을 한 번 받으면 심리적으로 굉장한 스트레스를 받을 수밖에 없다. 그 경고장 문구에 다음과 같이 무시무시한 내용이 명시되어 있는 경우가 대부분이기 때문이다. '7년 이하의 징역 또는 1억 원 이하의 벌금에 처해질 수 있는 상표권 침해죄가 성립되므로 현재까지 사용한 대가로 1천만 원을 지급하는 한편, 향후 매년 5백만 원을 지급하거나 간판 등을 폐기하라.'

이렇게 경고장을 받으면 대부분의 사장님은 주변에 상표 좀 안다는 전문가들을 찾아 조언을 구하게 마련이다. 그러나 갑자기 찾으려 해도 전문가가 많지 않은 데다, 운 좋게 전문가를 만나더라도 대부분 뾰족한 수가 없다. 상표권자도 전문가와 사전에 상의해서 상표를 사용한 가게들이 퇴로가 없는 것을 치밀하게 확인하고 권리행사에 나서기 때문이다. 조용히 간판만 바꾸고 넘어가고 싶어도 상표권자는 호락호락하지 않다. 동네 골목에서 상표 사용하는 것까지 발견해서, 법률대리인 선임까지 한 사람이 그냥 넘어가려 할까? 간판만 내리고 그릇과 수저에 새겨진 문구 폐기하면 오케이하는 상표권자도 있겠지만, 법률대리인한테 지급한 비용이 있으니 적어도 과거에 사용한 것에 대한 손해배상을 이유로 그 비용 이상은 받아내려고 하지 않겠는가.

 BI/CI 전문 업체에서 작명했어요

정부 각 부처와 지방자치단체에서 마케팅 관련 지원이 포함된 사업들을 정책적으로 수행하다 보니, 브랜딩 전문 업체들의 컨설팅을 받아 BI · CI를 만드는 혜택을 받는 소상공인과 스타트업들을 종종 본다. 근래에는 브랜드 컨설팅 기업들이 상표의 중요성에 대한 이해도가 높아져서 특허법인과 컨소시엄을 이루어 상표등록 가능성 검토, 나아가 상표등록

출원[1]까지 제공하는 경우도 있다.

하지만 일부 브랜드 전문 회사들이 관행대로 브랜딩 관점에서만 서비스를 제공하다 보니 선행 상표를 검색해볼 필요도 없이 상표등록이 아예 불가능해 보이거나, 심지어 타인의 상표를 침해할 소지가 있는 결과물을 제시하기도 한다. 특허나 상표에 익숙하지 않은 초기 창업자라면 신경 쓰지 못할 것이고, 어쨌든 비용을 들여 만들었으니 애착을 가지고 이용할 것이다. 그러다 나중에 상표등록을 해보려 하니 어렵다는 얘기를 듣거나, 누군가로부터 경고를 받을 때 당황하지 않으려면 사장이 꼭 챙겨야 할 부분이기도 하다.

한편 공공지원사업을 통해 지원받을 때 브랜딩 업체가 상표등록까지 신경 써주는 것은 환영할 일이다. 그런데 지원사업을 신청할 때 제출하는 견적서에 상표등록출원에 관련된 비용이 함께 들어올 경우가 있는데, 컨소시엄을 이루거나 협업관계에 있는 특허법인(특허법률사무소)이 상표등록출원을 담당하도록 하는 것이 합법적이다. 그러나 특허청에 등록한 변리사가 아닌 자신들이 직접 출원을 담당하는 것으로 견적이 나올 경우 변리사법 및 변호사법 위반인 점을 유념할 필요가 있다.

---

[1] 출원(出願)은 '청원이나 원서를 낸다'는 뜻으로 여기서는 특허 · 실용신안 · 상표 · 디자인 등을 등록받기 위해 특허청에 출원서를 제출한다는 의미로서, 쉽게 말해 신청이라고 이해하면 된다.

선행상표 검색과 상표등록 가능성

상표등록을 출원한 후 등록에 이르기까지의 과정은 가시밭길이라 기보다는 지뢰밭을 건너는 것과 비슷하다. 운이 좋으면 지뢰를 밟지 않고 지나갈 수도 있지만 그렇지 않으면 숨어 있는 지뢰가 터지는 것처럼 상표가 거절될 수 있는 사유는 수없이 많다. 필자가 변리사 시험 공부를 시작했을 때 상표법은 조문 네 개가 거의 전부라는 말을 들었는데, 그 말이 사실이었다. 그리고 그중의 두 개인 제6조와 제7조가 상표법의 절반 이상이라고 했는데 지금은 상표법 33조(상표등록의 요건)와 34조(상표등록을 받을 수 없는 상표)로 바뀌었다.

33조를 살펴보면 1항에 7가지 사유를 피해야 등록을 받을 수 있다고 하고 있고, 34조에서는 1항에서 21가지 중에서 어느 하나에 해당하면 등록이 되지 않는다고 한다. 그러니 이를 합쳐보면 28가지 사유 중 어느 하나에만 해당되어도 상표등록이 되지 않는 것이다. 지뢰밭에 지뢰가 28가지가 있는 셈이다. 상표법을 이해하고 있는 초기 창업자라면 직접 상표등록출원을 할 수도 있겠지만, 상표법을 깊이 알지 못하거나 또는 상표등록이 거절되지 않고 등록이 반드시 필요한 경우라면 전문가에게 의뢰하기를 권한다.

한편 상표등록이 거절되는 이유 중에서 가장 많은 것은 식별력이 없어 33조에 걸리는 경우, 또는 선행 상표와 비슷하기 때문(34조1항7호 및 8호)이다. 사실 내가 쓰고 싶은 상표는 남들이 이미 수십 년간 등록해두었을 가능성이 높고, 그래서 무작정 출원서를 내기보다는 선행 상표를 검색해야 하는데 이 검색에도 노하우가 필요하다. 필자가 많이 목격한 사례들을 보자면, 잠깐 상표 관련 교육을 받고 본인이 키프리스(KIPRIS)[2]에서 단순히 동일 키워드만 입력해보는 것이다. 상표심사관은 도형(일반 사회에서는 로고나 디자인으로 많이 칭하는)이나 칭호(문자로 풀어쓴 것)가 꼭 똑같지 않고 비슷한 선행 상표도 거절이유로 삼을 수 있다. 더 나아가 칭호가 완전히 다르지만 관념이 비슷해도 유사상표라는 이유로 거절할 수 있다. 예를 들면 해와 SUN은 발음이 각각 '해'와 '썬'이고, 용(龍)과 드래곤(Dragon)도 칭호가 다르지만 관념이 같아서 거절이유로 삼을 수 있는 것이다.

마지막으로 당부하고 싶은 것은 간단히 찾아볼 때가 아니라 진지하게 검색을 하려면 모바일 기기에서 하지 말라는 것이다. 요즘은 워낙 스마트 기기용 앱이 대세이고 PC를 잘 켜지 않는 경향이 강하지만, KIPRIS를 이용한 상표검색 시에는 PC 버전과 제공되는 기능 차이가 크다. 핸드폰에 본인이 쓰고픈 단어 한 개를 입력해본 검색 결과는 다른 사람이 가진 위험한 등록상표가 검색되지 않을 수도 있지만, 업종이나 상품이 전혀 달라서 무관한 상표도 제시하기 때문이다.

(3) 상표등록 출원하기

 전문 변리사를 찾아라

사업을 시작한 뒤에 상호와 상표 문제로 곤란한 상황에 빠지지 않으려면 결국 예방이 최우선이다. 간판과 인테리어 공사를 발주하기 전

---

2   대한민국특허청이 한국특허정보원을 통해 운영하는 산업재산권 검색 데이터베이스 서비스로 누구나 무료로 이용할 수 있다.

에 경험 많은 변리사를 통해 선행 상표 검색을 해보는 것이 바람직하다. 그런데 주변에 변호사나 세무사는 많은데 변리사는 접할 일이 없다 보니 자신에게 적합한 변리사를 찾는 것도 쉬운 일이 아니라고 한다. 심지어 변리사의 대부분이 서울과 대전에 집중되어 있어 그 외 지역에서는 만나기도 만만치 않은 게 사실이다.

　필자는, 녹색창을 비롯한 포털사이트에서 '상표출원'을 키워드로 하여 검색해보고 여기는 5~10만 원 이내의 저렴한 가격을 보고 고르는 사례를 꽤 보았는데, 두 가지 관점에서 권장하지 않는다. 온라인 출원 대행 플랫폼들은 담당 변리사가 그 많은 신청 건을 물리적으로 검토할 수가 없다. 실질적으로 변리 서비스라기보다는 변리사 도장을 맡겨두고 사무직원이 기계적으로 서류만 만들어서 특허청에 제출하는 것을 대행하는, 서류 작성 대행 서비스에 가깝다. 당연히 심도 있는 등록 가능성 검토나 선행 상표 검색 서비스는 없다. 서비스를 추가하면 결국은 제값을 다 내는 셈이 된다. 또한 온라인 플랫폼에서 기본가격에 제공하는 정도의 서비스는 PC 사용과 인터넷에 익숙한 분들이라면 '특허로' 사이트를 통해 직접 작성하고 제출해도 되는 수준이므로 비용이 문제라면 굳이 대행시킬 이유가 없다. 의료비가 감당하지 못할 수준이 아니라면 병원에 가서 진료받는 게 가장 좋지, 굳이 자가치료를 하거나 야매공장에 맡길 필요가 있을지 생각해 볼 일이다.

　혹시나 정식으로 특허청에 등록된 변리사를 찾아 수임료도 내고 의뢰했는데 상담 과정에서 등록이 어려울 것으로 보이는 결과가 나왔다고 해도 의미가 있다. 내가 쓰려는 상표와 같거나 비슷한 상표를 누군가가 내가 쓰려는 상품이나 업종에 이미 등록한 것을 발견했을 때다. 무심코 개업했다가 나중에 경고장 받고 손해배상하고, 간판과 홈페이지를 바꾸고 브로셔를 다시 인쇄하는 불상사를 막을 수 있기 때문이다. 이런 경우라면 검색을 해준 데 대한 대가를 지급하더라도 아까운 일이 아니잖은가.

 어떤 상표를, 어디에 쓸 건가요?

상표등록을 받고 싶다는 상담을 할 때 가장 먼저 묻는 것이 두 가지다. 1) 쓰고 싶은 상표[3]는 정하셨나요? 2) 무슨 물건이나 서비스에 쓰실 거예요?

필자가 제주창조경제혁신센터의 온라인 상담 창구에서 상표에 관해 상담했던 건들 중에서 기억이 남는 사례가 있다. 예비창업팀이 RIVE를 팀명으로 쓰고자 하는데, KIPRIS에서 검색해보니 라이브 테크놀러지라는 기업이 RIVE라는 상표를 이미 등록받았더라. 그래도 본인들의 팀이 상표등록을 받을 수 있을 것인지를 물어왔다. 여기서 질문자는 RIVE라는 상표를 등록받고 싶다는 점은 분명히 했다. 그러나 등록받으려는 상표는 이미 등록된 상표였다. 그런데 예비창업팀이 만들고자 하는 서비스나 상품을 전혀 알려주지 않아서 등록될 수 있을지는 알 수가 없었다.

---

3 상표법에서 상표는 표장(mark)이라고 하고 있고, 그 표장이란 기호, 문자, 도형 등의 표시라고 정의하고 있다. 다만 여기서는 설명의 편의상 특별한 경우를 빼고 상표로 칭한다.

필자가 검색해보니 라이브 테크놀러지의 상표 RIVE는 제올라이트라는 희귀광물에 대해서 등록받은 것이었다. 이름도 생소한 물질이고, 정황상 예비창업팀이 제올라이트를 채굴하거나 판매할 개연성이 매우 낮은 것으로 보이지만, 어디에 쓸 것인지 명확하지 않아서 판단할 수 없다고 답변하였다. 그런데 며칠 후 같은 질문자는, 필자가 RIVE를 사용하면 상표권에 저촉된다고 답했다고 하면서, RIVE 옆에 다른 문구를 추가해서 RIVE(Right Save)라고 쓰면 괜찮느냐는 추가 질문을 해왔다. 필자는 RIVE는 RIVE와 동일하지만 지정상품이나 서비스업을 몰라서 판단을 할 수 없다고 했는데, 온라인 소통이라는 것이 이렇게 어려운 것이구나를 느끼며, 같은 취지로 답할 수밖에 없었다.

아마도 그 예비창업팀이 RIVE를 쓴다 해도 먼저 등록된 RIVE 상표를 침해할 가능성은 없을 것이다. 그러니 RIVE에 다른 문구를 붙이고 말고를 고민할 필요도 없었을 것으로 보인다(Right Save를 추가한다고 해서 특별히 결과가 달라질 것 같지도 않다). 단순히 '이 상표 써도 될까요, 등록할 수 있을까요?'라고 묻기 전에 대략적으로라도 내 제품이 어떤 종류이고 하려는 사업이 어떤 업종인지를 알려줘야 한다는 점을 미리 생각한 후 상담받는 것이 좋겠다.

 비용은 얼마나 들까(상표)

변리사를 선임해서 특허나 상표, 디자인을 등록받으려고 할 때 드는 비용은 두 가지다. 하나는 특허청에 납부해야 하는 수수료(관납료라고도 부른다), 그리고 변리사의 서비스 비용(수임료, 그리고 부가가치세 추가)이다.

관납료는 법으로 정해진 금액이어서 어느 변리사가 대리하든 같은 금액인데, 아쉽게도 상표는 관납료가 할인되지 않는다. 심지어 기본 출원료도 46,000원인 특허보다 살짝 비싼 62,000원이다. 특허청에서 고시하는 상품 명칭만 써서 할인을 받아도 56,000원으로 여전히 비싸다. 그렇지만 상표출원은 심사해달라고 심사청구 비용을 따로 내지 않아도 되는 반면, 특허는 심사받으려면 이런저런 명목으로 비용이 추가되기 때문에 실질적으로는 상표출원 관납료가 특허보다 비싸지는 않다.

변리사 수임료는 정해진 것이 없다. 병원마다 미용을 위한 쌍꺼풀 수술 비용이 전부 다르듯, 특허법인이나 특허법률사무소마다 수임료는 모두 다르다. 그럼에도 불구하고 너무 감이 오지 않아 대략적으로라도 시세(?)를 알려달라는 요청을 자주 받아온 것을 생각해서, 상표와 관련해서 매우 비공식적인 가격대를 말하자면 통상 접할 수 있는 변리사의 한 건(상품을 분류하는 류 구분 중 하나의 류, 즉 1류 기준이며, 서비스나 상품의 성격이 달라지면 건수가 늘어남)당 수임료는 20~35만 원선(+부가가치세)으로 생각하면 되겠다. 이 비용은 출원할 때 발생하는 것이고, 향후 특허청 상표심사관의 심사를 통과하여 등록이 결정되었을 때에는 성사금을 청구하는 것이 관례이며 성사금은 대체로 출원 시의 수임료 수준으로 생각하면 될 것이다.[4]

필자는 비지떡을 구경해보지 못했지만 싼 게 비지떡이라는 이야기는

---

4   외국(법)인들이 한국특허청을 상대로 하는 업무를 대리할 때는 성사금을 받지 않고 대신 심사관이 거절했을 때 대응하는 비용을 많이 청구한다. 변리사가 노력을 들인 만큼 청구하는 시스템으로서 합리적이라고 본다. 민사소송과 달리 어떤 과정을 거쳐 어떻게 등록되는지가 변리 업무에서는 향후에 중요한 문제이기 때문이다.

어디서나 통하는 것 같다. 비싼 것이 반드시 좋은 것은 아니겠지만 너무 저렴한 서비스가 좋은 서비스일 가능성은 드물다는 점을 염두에 두었으면 좋겠다.

제주에 사는 필자보다 단기 방문하는 분들이 흑돼지 전문점을 훨씬 잘 아는 것 같다. 사는 사람과 놀러 오는 사람 간의 차이인가 싶은 생각이 들기도 한다. 제주항 근처에는 흑돼지 거리가 있어서, 이와 구분하기 위해 필자가 흑돼지 애브뉴라고 부르는 곳이 제주시 노형동에 있다. 노형 119 센터를 중심으로 늘봄흑돼지, 흑돈가 그리고 돈사돈이 삼각 형태로 둘러싼 지역이다.

모두 유명한 흑돼지 음식점이지만 이 중 돈사돈은 상표 때문에 분쟁에 휩싸인 적이 있다. 돈사돈은 2006년 1월에 창업한 이래 꾸준히 번창하여 텔레비전과 인터넷 사이트 등에서 인

〈돈사돈 본관〉

1. 가게 이름은? 회사명은 뭘로 짓지?

기를 얻었고, 2009년에는 KBS의 예능 프로그램인 1박2일에도 방영되며 유명세를 치를 정도였다. 그리고 프랜차이즈화하여 체인점을 열기도 하였다.

그런데 2008년에 이 모 씨가 오리지널 돈사돈에 찾아와 '돈사돈'을 운영하고 싶다고 사정하였고, 다음 해인 2009년에는 대구에 '돈사돈'으로 음식점을 열고 심지어 허락도 받지 않고 2010년에 돈사돈의 상표등록까지 받았다. 이를 발견한 오리지널 돈사돈 측에서 항의했더니 "체인점 30군데만 내주면 상표권을 돌려주겠다."라고 말하기에 이르렀다.

오리지널 돈사돈 측에서는 부랴부랴 2013년 4월에 이 모 씨를 상대로 상표등록 무효심판을 청구하여 이후 특허법원과 대법원을 거치며 1년 반에 걸친 투쟁 끝에 이모 씨의 상표를 무효화하는 데 성공했다. 그리고 나서야 사람의 얼굴도형과 돈사돈 문자를 결합한 상표를 2015년에 등록받을 수 있었다.

〈상표등록 제41-0320254호, 2015. 4. 24. 등록〉

결과적으로는 상표를 되찾은 셈이지만 특허심판원, 특허법원, 대법원에 이르기까지 세 번에 걸친 심판·소송 절차를 거치면서 변리사 수임료와 인지대를 포함하여 상당히 많은 비용이 들었다.
더군다나, 1년 반 동안 받았을 스트레스는 돈으로 따질 수 있겠는가. 체인점을 내주었고 애초에 누군가 와서 체인점 내달라고 졸랐던 사정이 있었기에, 그때 상표등록출원만 해두었더라면 겪지 않았어도 될 일이다.

2005년 분당선 정자역 인근 주상복합 저층부에 카페 등이 모여들며 한국형 '스트리트 상가'의 역사가 시작되었다. 특히, 좁은 골목 사이로 1층에 유럽풍 레스토랑, 커피숍 등 가게가 늘어서며 거대 상권을 이루고 있는 경기도 성남시 '정자동 카페거리', 용인시 '보정동 카페거리', 성남시 '백현동 카페거리'가 '카페거리 3총사'로 유명해지기 시작했다.

'카페거리 3총사' 중에서 '백현동 카페거리'는 판교신도시 백현동 단독주택 용지에 들어선 곳으로, 예쁘고 개성 있는 건물들의 조화가 마치 딴 세상에 온 듯한 느낌을 주어, 번잡함 일색인 여느 카페거리와 달리 분위기가 아늑하고 고급스럽다. 이 때문에 이곳에서 브런치를 즐기노라면 유럽의 어느 한적한 고장에 와 있는 듯한 착각마저 들기에 이곳이 유명해지기

I'm home 카페 본점

드라마 '별에서 온 그대' 촬영지

1. 가게 이름은? 회사명은 뭘로 짓지?

시작하여, 이곳은 '런온', '로맨스가 필요해', '별에서 온 그대' 등 드라마 촬영지의 명소가 되었다.

이러한 '백현동 카페거리'의 카페 중에서 "I'm home"이라는 카페는 수제 아이스크림을 만들어 팔아 다른 카페와는 차별화되었다. 특히, 드라마 '별에서 온 그대'의 촬영지로서 유명해졌다.

이러한 분위기에 힘입어 I'm home 카페 측은 사업을 확장하기 위해 프랜차이즈 사업을 시작하려고 준비하던 중 카페업, 아이스크림 전문 음식점업 등에 대해 '아임홈'이라는 상표권을 소유하고 있는 장 모 씨가 2015년 1월에 제기한, I'm home이라는 상표의 사용에 대한 상표권 침해 분쟁에 휘말렸다. 그 결과 상표의 무단 사용에 대해 일정 금액의 로열티를 지급하지 않고서는 사업을 지속적으로 영위할 수 없는 위험에 빠지게 되었다.

I'm home 카페 측은 2011년 7월 처음 백현동 카페거리에서 카페 사업을 시작하기 전 그리고, '아임홈'이라는 상표를 소유한 장 모 씨의 상표 출원 시기(2013년 2월)보다 이전인 2010년 6월에 'I'm home'이라는 이름으로 카페업, 아이스크림 전문 음식점업에 대해 상표출원을 먼저 진행하였으나 여러 가지 이유로 상표등록을 받는 데 소홀히 하여 결과적으로 상표등록을 하지 못했다.

장 모 씨로부터 상표 침해 분쟁에 휘말리게 된 이후, I'm home 카페 측은 추가적으로 발생할 수 있는 분쟁에 휘말리지 않기 위해 현재 사업 영역 중에서 상표출원이 필요한 부분을 검토하여 양초, 애플리케이션을 통한 서비스 등에 대해 2015년 5월에 '아임홈'이라는 상표로 상표출원을 진행하여 상표등록을 하였다.

그리고 I'm home 카페 측은 준비 중이었던 프렌차이즈 사업의 진행, 카페에 대한 지속적인 사업을 수행하기 위해 장 모 씨로부터 그가 소유하고 있는 카페업, 아이스크림 전문 음식점에 사용할 수 있는 '아임홈' 상표에 대한 상표권을 큰 비용을 들여 매입하게 되었다.

표 1-2 상호와 상표

상표	아이홈
지정상품	아이스크림 전문 음식점업, 아이스크림 전문 음식점 체인점관리업, 와플 전문점업, 레스토랑업, 뷔페식당업, 서양음식점업, 셀프서비스식당업, 스낵바업, 식당체인업, 식품소개업, 음식조리대행업, 음식준비조달업, 일반음식점업, 제과점업, 카페업, 카페테리아업, 패스트푸드식당업, 와플점체인업
등록번호/등록일	제41-0309169호 / 2015. 01. 07.

결과적으로, I'm home 카페 측은 사업 초기에 확보할 수 있었던 카페업, 아이스크림 전문 음식점업에 대해 상표권을 뒤늦게 상표권 매입 과정을 통해 많은 돈을 들여 확보하게 되었다. 즉, I'm home 카페 측이 사업 초기에 상표등록을 확보하기 위해 조금만 시간과 비용을 투자했다면 이와 같은 상표 침해 분쟁 대응, 상표권 매입 등을 위해 많은 비용과 시간을 소요하지 않았을 수도 있었다는 아쉬움이 있다.

사업을 처음 시작하는 초기 사업자 또는 소상공인이 비용, 시간 등이 넉넉하지 못해 상표출원 등과 같이 사업을 수행하는 데 기본적으로 갖추어야 할 사항에 대해 신경을 쓰지 못하는 경우가 있으나, 지속적인 사업을 영위하고, 향후 사업의 확장을 위해서라도 사업 시작 전, 그리고 사업 중에 사업과 관련된 제품, 서비스 등의 상표권에 대해 지속적인 노력과 관심이 필요하다.

1. 가게 이름은? 회사명은 뭘로 짓지?

2

기술개발하고
연구도 했는데

(1) 제 아이템이 특허가 되나요?

 특허의 대상과 등록 가능성

　　필자가 변리사가 된 이후로 가장 많이 듣는 질문이자, 아마도 변리사뿐 아니라 특허업계에 종사하는 사람이라면 누구나 들어봤을 법한 질문이 있다. "내가 이런 아이디어가 있는데 특허가 가능할까?"라는 것이다. 답하기 조심스러우면서 고민을 많이 해야 하는 질문이다.

　　여기서 특허가 된다는 것에는 두 가지 의미가 있다. 하나는 그 아이디어란 것이 특허의 대상이 되느냐는 것이다. 법적인 용어로 풀면 특허법 제2조 제1호와 제29조 제1항 본문에 규정된 발명의 '대상적격'을 충족하느냐는 것이다. 현장에서 접했던 사례로 교육 관련 종사자들이 커리큘럼이나 교습법을 특허로 보호받을 수 있는지 문의하는 경우가 있는데, 이는 기술을 활용하였다기보다 영업 방법이거나 순수한 인간의 정신활동에 해당하여 특허의 대상이 되지 않는다. 다만 그러한 영업 방법이나 정신활동이라도 기술적으로 우수한 방식으로 컴퓨터를 통해 구현될 수 있다면 특허의 대상이 될 수는 있다.[5]

특허가 된다는 것의 두 번째 의미는 새롭고 어렵냐는 것이다. 법률용어로 설명하자면 특허법 제29조 제1항 각호 및 제2항에서 각각 요구하는 신규성(새로운가)과 진보성(어려운가)에 관한 것이다. 실무적으로는 이 발명이 심사관에게 새롭고 진보적인 것으로 인정받아 특허등록을 받을 수 있을 것인가를 뜻한다. 기술적인 어려움을 해결하고자 고민한 뒤에 찾아오는 발명자들로서 특허가 될 수 있을까 하는 질문은 대체로 두 번째 의미에 관한 경우다.

그런데 경험 많은 변리사도 말만 듣고 신규성이나 진보성을 판정하기란 거의 불가능하다. 병원에 비유하자면 MRI나 엑스레이 촬영을 하지 않고도 의사가 얼굴만 보고 몇 기 암인지 알아낼 수 없는 것과 마찬가지다. 화타나 허준이 환생한다 해도 현대에서 PET나 MRI를 찍어보지 않고서 판단하기가 어려운 것처럼, 변리사로서도 몇 마디 말만 들어보고 아이디어의 신규성이나 진보성을 판단할 수는 없다. 이와 같은 등록 가능

---

5   영업 방법이 아무리 기막히고 특별하더라도 결국은 컴퓨터로 구현하는 기술 사제가 고도하다는 점을 인정받아야 특허를 받을 수 있다. 결과적으로는 컴퓨터로 구현하는 기술 자체가 우수해야 한다. 전자상거래 분야에서 유명한 특허 중 하나가 아마존(Amazon.com)의 미국특허 8,341,036호인데 원클릭 특허로 불린다. 온라인 쇼핑할 때 카트에 넣어둘 필요 없이 고객의 ID를 이용해서 서버에서 다른 정보들을 불러와서 바로 주문과 결제가 되는 것이 특징인데, 개념이 매우 어려운 것은 아니었지만 아마존이 톡톡히 효과를 본 특허였다.

성 판단은 국내외에 공개된 선행 기술을 시간을 들여 검색해보고 이를 바탕으로 종합적으로 판단해야 하는 일이다. 전문가의 시간과 노력이 들어가니 당연히 비용이 발생하지만, 그럼에도 불구하고 등록을 100% 확신할 수는 없다(너무 유사한 기술들을 발견했을 때 신보성이 없어서 등록 가능성이 낮다는 판단을 할 수는 있다).

치밀하게 계획을 세워 차근차근 사업을 추진하는 것이 정석인 경우가 있는가 하면, 근래에 화두가 되는 린스타트업 트렌드와 같이 빨리 시행해 보고 문제점을 고쳐나가야 할 경우가 있다. 중후 장대 산업이 아니라 새로운 아이디어를 사업화하려는 창업자라면, 변리사 수임료 아끼려고 고민하기보다 특허명세서를 제대로 작성해서 심사관의 심사를 받는 게 낫다.

장 변리사의 제언 1 어디 가서 상담받지?

초기 창업자거나 영세한 소상공인이라면 개업 변리사를 찾아가서 상담하자니 평소에 거래 관계가 있었거나 간단한 문의가 아니라면 상담료가 부담스러울 수 있다. 이러한 고민을 해소하기 위해 공공 분야와 대한변리사회에서 공익을 위한 상담 서비스를 제공하고 있어 소개한다.

먼저 대한변리사회에서는 전화 또는 특허청에 방문하는 국민을 대상으로 공익상담 서비스를 제공하고 있다. 지식재산권출원과 분쟁 해결 절차 등에 대한 상담을 받을 수 있는데, 역삼동에 있는 특허청 서울사무소를 방문하거나 대한변리사회 공익 상담 이용 안내의 일정표에 나온 전화번호를 통해 담당 변리사와 상담할 수 있다. 변리사의 상담을 받을 수 있다는 장점이 있는 반면, 대가 없이 이뤄지는 것이므로 침해감정 수준을 요구하거나 상담 내용과 관련하여 민형사상의 책임을 요구할 수는 없다.

대면 상담을 선호하지만 특허청 서울사무소에서 먼 지역에 거주한다면 각 지역에 설치된 지역지식재산센터에서 상담을 받을 수 있다. 수도권 외 지역뿐 아니라 서울을 포함하는 수도권에도 설치되어 있으므로 전문 컨설턴트들에 의한 상담 서비스를 받을 수 있으며, 지역지식재산센터에서 수행하는 지식재산 관련 지원사업 정보도 얻을 수 있다는 장점이 있다. 다만 변리사가 근무하는 지역지식재산센터가 전국에 드문 데다 특허청과 대한변리사회에 개업신고를 마친 변리사가 근무하는 곳도 거의 없어 서류 작성이라든가 침해 여부에 대한 합법적인 의견을 받을 수 없다. 대신 한국지식재산보호원 산하의 공익변리사 특허상담센터 소속 변리사가 각 지역지식재산센터를 매월 순회하며 상담 서비스를 제공한다.

공익변리사 특허상담센터에서는 지역지식재산센터 순회나, 서울센터 방문과 전화상담을 통해 늘 변리사와의 상담이 가능하다. 또한 이 센터의 변리사들은 대한변리사회와 특허청에 정식으로 개업신고를 마치고 업무를 수행하고 있다. 그래서 지원 대상인 때에는 상담을 넘어 특허청에 제출할 서류 작성 서비스를 받거나, 경우에 따라서는 심판이나 민사소송 절차에 대한 지원까지 가능하다. 상세한 내용은 공익변리사 상담센터 홈페이지(https://www.pcc.or.kr)를 참고하면 된다.

 특허가 나을까, 비밀노하우가 나을까?

　　신당동 하면 유명한 음식으로 누구나 떠올리는 것이 떡볶이일 것이다. 신당동 떡볶이의 창시자인 마복림 할머니께서는 TV 광고에 출연하여 "매느리도 몰라, 아므도 몰라."라는 대사를 통해 유명해졌다. 돌아가시기 전에 며느리들에게 양념 비법을 전수해주서서 지금은 아들과 며느리들이 마복림 할머니 떡볶이집을 운영하고 있다고 하지만, 그만큼 떡볶이 양념 레시피는 할머니의 소중한 비밀 노하우였던 셈이다.

　　비밀노하우의 다른 예로는 코카콜라 7X 성분의 제조 비법이 있다. 수많은 소문을 만들어낸 신비주의 마케팅의 성공 사례로 꼽히는 사례로서, 그 비밀문서는 100년 넘게 뉴욕 보증은행과 선트러스트 은행을 거쳐 코카콜라 박물관에 보관되어 있다고 한다. 물론 특정 성분의 비밀을 푼다고 해도 제조공정에 사용되는 설탕을 비롯한 다양한 성분의 원산지와 미세한 파라미터들이 복합적으로 작용한 결과가 코카콜라의 비법이겠지만, 금고 속의 비밀을 마케팅에 효과적으로 활용한 사례인 것 같다.

　　이처럼 특허권이라는 강력한 권리를 마다하고 비밀노하우로 간직하는 이유가 무엇일까. 신당동 떡볶이나 코카콜라 사례의 공통점을 혹시 눈치챘는가? 바로 '음식료'라는 것이다. 사견으로는 음식료 관련 발명은 특허를 받는 것은 가능성이 낮지 않지만, 등록을 받더라도 특허받은 레시피를 따라 하는 사람을 찾아내서 특허침해를 주장하고 베끼기를 금지하는 것은 매우 어렵다. 특허제도가 처음에 기계 · 기구 분야의 발명을 염두에 두고 시작되어 수백 년간 진화해왔고, 우리나라만 해도 음식료 특허가 1988년 미국의 요구[6]로 1990년부터 허용되었을 정도로 아직까지 소프트웨어를 비롯하여 음식료 관련 발명이 특허제도와 완전히 융화하진 못한 것으로 본다. 그래서 특허등록에 성공해도 권리행사가 어려우니, 비밀을 지킬 수만 있다면 음식료 분야에서는 비밀노하우로 지키는 방향과 저울질을 하게 마련이다.

그림 1-2 특허받은 음식의 홍보 활용(좌: 피자, 우: 짜장면)

6 「음식물特許」 보호 요구 - 美, 韓美 과학기술협정서 강력주장", 매일경제신문, 9면, 1988. 9. 26.

특허의 대상은 기본적으로 물건(물질) 또는 방법으로 나뉜다. 음식특허는 음식에 쓰이는 중간물질 자체를 새로이 발명한 것이 아니라면 대체로 조리 방법, 즉 레시피를 방법으로 청구하거나, 전체적인 재료들의 배합 비율로서, 물건으로 청구하게 된다. 누군가의 침해를 입증하는 데는 배합 비율로 특허등록을 받았을 때 침해자의 물건을 사서 성분을 분석하는 것이 낫다. 하지만 이미 알려진 성분의 비율을 약간 조정하는 것으로는 특허등록하기가 어려워 가열온도나 시간 및 압력 등의 파라미터를 통해 방법특허를 등록한다면, 누군가가 따라 하는 것을 금지하는 것보다는 특허를 받았다는 마케팅이나 기타 공공지원사업에서 기술력을 어필하는 데 활용할 수 있겠다.

그림 1-2의 왼쪽 그림은 피자 전문점에서 자신들이 활용하는 피자 도우가 특허발명이라고 홍보하는 것이고, 오른쪽 그림은 '짜장면 시키신 분'으로 유명한 마라도의 짜장면 가게에서 톳을 이용한 짜장면에 특허받은 점을 어필하는 입간판이다.

구체적으로 마라도 톳짜장면의 특허를 살펴보면 그림 1-3과 같이 톳 짜장면 제조 방법에 관한 특허가 2014년 6월 10일에 제10-1408458호로 등록된 것을 알 수 있다. 위 특허공보로 미루어 보면 톳면은 톳가루를 밀과 혼합하고 소금 녹인 물로 반죽한 뒤 압착해서 저온 숙성을 시킨 뒤 면으로 뽑아내는 방식으로 이루어지는 것을 알 수 있고, 춘장 제조 방법에 대해서도 유사하게 공개되어 있다. 이와 같이 특허등록을 진행해서 레시피가 공개되더라도, 마라도 특성상 경쟁업소가 생기는 데 한계가 있고 관광객들이 몇 시간 뒤 배 타고 나가기 전까지는 선택권이 많지 않다는

(19) 대한민국특허청(KR)	(45) 공고일자	2014년06월17일
(12) 등록특허공보(B1)	(11) 등록번호	10-1408458
	(24) 등록일자	2014년06월10일

(51) 국제특허분류(Int . Cl.)
　　A23L 1/16 (2006.01) A23L 1/337 (2006.01)
　　A23L 1/39 (2006.01)
(21) 출원번호　　10-2013-0002777
(22) 출원일자　　2013년01월10일
　　심사청구일자　2013년01월10일
(56) 선행기술조사문헌
　　KR101064751 B1
　　KR1020110058758 A

(73) 특허권자
　　원종훈
　　제주특별자치도 제주시 한경면 용수2길　6-4
(72) 발명자
　　원종훈
　　제주특별자치도 제주시 한경면 용수2길　6-4
(74) 대리인
　　특허법인 누리

전체 청구항 수 : 총　12 항　　　　　　　　　심사관 :　민상택

(54) 발명의 명칭 톳짜장면 제조방법 및 그 제조방법에 의해 제조된 톳짜장면

(57) 요 약

톳짜장면 제조방법 및 그 제조방법에 의해 제조된 톳짜장면이 개시된다. 본 발명의 짜장면 제조방법은 우리밀과 톳가루를 혼합하는 1차 톳면 생성 단계와, 소금을 녹인 물과 상기 1차 톳면을 반죽하는 2차 톳면 생성 단계와, 상기 2차 톳면을 압착시키는 3차 톳면 생성 단계와, 상기 3차 톳면을 저온숙성시키는 4차 톳면 생성 단계와, 그리고 상기 4차 톳면을 면으로 뽑아내는 5차 톳면 생성 단계의 면 제조 단계와;및 우리밀을 100도씩 이상의 온도로 가열하여 살균증자하는 1차 춘장 생성 단계와, 상기 1차 춘장과 종국을 혼합하고 증식시키는 2차 춘장 생성 단계와, 상기 우리콩을 100도씩 이상의 온도로 가열하여 살균증자하는 3차 춘장 생성 단계와, 상기 2차 춘장과 상기 3차 춘장, 소금 및 정제수를 혼합하여 상온에서 숙성시키는 4차 춘장 생성 단계의 춘장 제조 단계를 포함한다.

본 발명의 제조방법은 종래에 당업계에서 일반적으로 제조되는 짜장면에 비해 건강에 좋은 톳면과 캐러멜색소가 가미되지 않은 춘장으로 조리한 소스를 이용하여 웰빙 톳짜장면이 제조되어 건강을 염려하는 소비자의 입장에서는 합리적으로 짜장면을 즐길 수 있어 국민기호식품으로 활용도가 막대하다.

대 표 도 - 도1

그림 1-3 톳짜장면 특허공보

점 때문에 특허 마케팅도 괜찮은 선택이었을 것이다.

(2) 특허신청을 하려면 뭐부터 해야죠?

 내게 맞는 변리사 찾기

1950년대부터 80년대까지의 사진을 보면 쌍꺼풀이 있는 사람이 매우 드물었다. 요새는 20대 이상인 여성들을 보면 오히려 외꺼풀인 사람을 찾기가 어려울 정도. 쌍꺼풀 수술은 수술로 치지도 않는다고 할 정도로 쌍꺼풀 수술 자체가 대중화되었기 때문일 것이다. 수술 축에도

끼지 못하는 쌍꺼풀 수술이지만 수술을 결심한 본인, 또는 그러한 자녀를 둔 부모는 어떤 노력을 하는가. 기능적으로나 미적으로 좋은 결과를 얻기 위해 많은 노력을 기울인다. 인터넷에서 성형외과의 평판 데이터를 검색하고, 지인들에게 추천을 의뢰하기도 한다. 병원에서 상담을 받을 때는 담당 의사의 출신 대학은 어디이고, 어느 병원에서 수련을 받았는지, 임상 경험은 얼마나 축적되었는지 살펴보고 여러 가지를 따져본 후 수술을 결정한다. 물론 비용이나 사후관리도 빠지지 않는다.

그런데 특허나 상표를 출원하고자 변리사를 선임할 때는 그냥 아는 사람이라서 내지는 주변의 추천에만 의지하는 경우를 많이 보았다. 그 변리사의 전공이 무엇인지, 수습은 어느 사무실에서 마쳤으며, 어떤 기술 분야 또는 상표·디자인을 다루었는지, 어떤 기업을 대리해왔는지를 깊이 고민하지 않는다. 인문계 학과를 졸업하고 상표와 디자인 업무를 해온 변리사인데 전자 분야 특허를 의뢰한다면 성형외과 의사에게 심장외과 수술을 맡기는 것과 마찬가지다. 병원 홈페이지에서 의사 약력은 열심히 보면서 특허출원을 할 때는 소속 변리사의 약력도 없는 온라인 사이트의 최저가 서비스를 찾아 저렴하게 출원했다고 흐뭇해한다. 중요한 치료를 받으려고 하는데, 전문가인 의사 소개 내용은 없고 가장 싸다는 곳, 도대체 정식 병원인지 아닌지 모를 홈페이지만 보고 선택하는 일은 없지 않은가?

인공지능이 더 많이 발달하기 전까지는 특허나 상표출원 업무도 전문가의 역량 비중이 큰 분야다. 그렇다면 전문가 선택도 깊이 따져볼 필요가 있다. 나아가 특허사무소를 선택 후 실무를 담당할 변리사에 대한 관심도 필요하다. 상담한 의사와 다른 의사가 수술하는 쉐도우 닥터도 사회 문제가 되었던 것처럼. 그런데 평생 특허나 상표와는 거리가 멀게 살아와서 아는 변리사라고는 한 명도 없는데, 그러면 어떻게 해야 하느냐는 고민을 하는 분들을 보아왔다. 그래서 될 수 있는 한 나에게 맞는 변리사를 찾는 방법도 함께 소개하고자 한다.

필자가 제주도에 살다 보니 제주를 여행지로 선택한 지인들이 자주 하는 질문들이 있다. "공항 근처에 괜찮은 맛집이 있나요?"와 같이 맛집 추천에 대한 질문들이다. 그런데 맛집 추천도 쉬운 일은 아니다. 지인들의 이동경로도, 가족여행인지 또는 커플여행인지와 같은 구성원, 그리고 개인 취향도 감안해야 한다. 그래서 모두를 100% 만족시킬 수는 없다. 그러나 식당 선택이 '적어도 망하지는 않을' 방법은 있다. 그중 하나는 식당 대신 손님을 보는 것이다. 샤방샤방 제주감성 원피스 패션의 관광객만 있는 곳보다, 공사 현장·농장의 인부들이 식사하고 있다면 소위 가성비가 괜찮을 가능성이 높다.[7]

뜬금없이 음식점 이야기를 꺼낸 목적은, 맛집 찾기 요령과 비슷하게 변리사를 찾는 데 있어서 적어도 망하지는 않을 방법을 소개하기 위해서다. 그 방법의 첫 번째는 특허법인의 홈페이지를 확인하는 것이다. 그림 1-4와 같이 홈페이지에 구성원인 변리사들의 주요 이력이 표시되어 있

---

7 관광객은 가지 않고 현지인만 가는 음식점이 없느냐고 묻는 질문도 있는데, 관광객 없고 정말 제주도민만 가는 음식점으로는 빕스가 있다. 그리고 맥도날드 공항점도 적어도 망칠 일 없이 기본은 하는 곳이다.

그림 1-4 특허법인 팬브릿지 홈페이지

으면 정상이다. 병원 홈페이지에도 의사들의 화려한 경력과 학력을 자랑
스럽게 써두는 것처럼, 전문가 집단이 구성원들의 면면을 자랑하는 것이
자연스럽다. 변리사 업무를 한다는데, 전문가 프로필은 안 보이고 서비
스 가격이 저렴하다는 내용만 있으면 일단 의심해 봐야 한다. 명의가 수
술 비용과 상담료가 저렴하다고 광고할 리가 없는 것처럼.

2. 기술개발하고 연구도 했는데

그림 1-5 대한변리사회 홈페이지

　　다음은 대한변리사회 홈페이지를 통해 내가 선임하려는 변리사가 정상적으로 등록된 변리사인지를 확인할 필요가 있다.

　　그림 1-5에 나타난 것처럼 대한변리사회(http://www.kpaa.or.kr)에 접속하면 변리사 정보 공개 배너를 찾을 수 있다. 그다음 팝업창에 검색하려는 변리사의 이름이나, 특허법인(사무소) 이름으로 검색하면 등록변리사

인 경우 결과가 표시된다. 그림 1-6에는 필자의 이름을 검색했을 때 출력되는 화면을 예시하였다.

그림 1-6 변리사 정보 공개 화면

두 번째는 내 기술 분야의 선도기업들이 어느 변리사를 선임했는지 참고하는 것이다. 절대적인 기준일 수는 없지만 그 분야에서 잘나가는 회사가 오랜 기간 선임한 변리사라면 업계에서 검증된 것으로 생각할 수 있기 때문이다. 물론 그러한 변리사를 선임했다고 해도 그 잘나가는 회사에 비해 내가 나은 서비스를 받지 못하거나 비용이 더 높을 수 있다. 큰 회사들은 특허팀이 잘 갖추어져 있어서 업무 요청 내용이 체계적으로 전달되고, 특허법인에서도 오랜 기간 같은 기술을 접해왔기 때문에 시간과 노력이 덜 든다. 즉 개인이나 소기업보다 원가가 낮다. 그리고 혹시라도 향후에 내 사업이 커지고 그 잘나가는 회사와 직접적인 경쟁자의 위치가 되었을 때, 나의 기술과 브랜드 전략을 알고 있는 변리사가 경쟁자와 접촉하는 것이 꺼림칙할 수 있는 점도 감안해야 할 부분이다.

 ### 발명 내용의 설명 내용부터 적어보자

특허관리가 체계화된 조직이 아니라면, 내 발명 내용이 완성되었고 정리된 것인지 확인부터 해볼 필요가 있다. 아이디어가 생각났다고 무작정 변리사를 찾아가서 구두로 설명한들 발명이 무엇인지 알 수 없으니, 발명자도 상담하는 변리사도 모두 갑갑할 노릇이다.[8] 발명의 내용을 적어보아야 하는 또 다른 이유는 정말로 발명이 완성되었는지 판단을 해야 하기 때문이다. "내 아이디어가 진짜 엄청난데 글로 쓰지를 못하겠어요."라고 말한다면, 발명을 한 것이 아니라 아직 '착상' 단계 또는 동기부여 단계인 것이다. 내 아이디어가 소소한 것이든 세상을 뒤바꿀 만한 것이든, 결국 특허(실용신안)등록을 받으려면 이를 글로 표현했을 때 그 분야 기술자라면 충분히 이해할 수 있어야 하고 실무적으로는 특허청 심사관이 알 수 있어야 한다.

---

8   참고로 대한변리사회에서는 무료 상담을 지양하고 변리사와의 상담이 유료임을 주지시키는 캠페인을 시행하고 있다. 전문가의 시간과 노력, 경험을 통한 답을 듣는 것이니 대가를 지급하는 것이 이상한 일은 아니다.

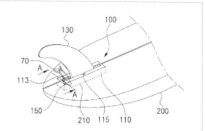

(57) 요 약

본 발명은 리쉬코드 일체형 서프보드 핀박스가 개시된다. 본 발명의 하나의 실시 예에 따른 리쉬코드 일체형 서프보드 핀박스는 하기 탈착식 핀이 결합하도록 상면에 세장형 홈이 형성되어 있는 중공형 본체; 및 상기 중공형 본체에 결합되어 서프보드의 키잡이 역할을 하는 탈착식 핀을 포함하며, 상기 본체 내면 일측에는 서프보드와 서프보드의 서퍼를 연결하는 리쉬줄을 결합하는 연결 봉이 구비되어 구성된다.

대 표 도 - 도7

명 세 서

청구범위

청구항 1

탈착식 핀(130)이 결합하도록 세장형 홈(113)이 형성되어 있는 중공형 본체(110); 및

상기 중공형 본체(110)에 결합되어 서프보드(200)의 키잡이 역할을 하는 탈착식 핀(130);을 포함하고,

상기 중공형 본체(110)의 내면 일측에는 서프보드(200)와 서퍼를 연결하는 리쉬줄(70)을 결합하는 연결 봉(150);이 구비되며,

상기 서프보드(200)의 후면 하부에는 결합홈(210)이 형성되고, 상기 중공형 본체(110)가 결합홈(210)에 삽입되어 안착됨으로써 서프보드(200)와 결합되고, 중공형 본체(110)와 서프보드(200)는 동일 면을 형성하고,

상기 세장형 홈(113)의 양측에는 상기 탈착식 핀(130)이 결합되는 요홈부(115)가 형성되고,

상기 탈착식 핀(130)의 전방 측면에는 상기 요홈부(115)에 결합되어 이탈을 방지하는 결합 돌기부(131)가 형성되어 있는 것을 특징으로 하는 리쉬코드 일체형 서프보드 핀박스(100).

그림 1-7 서프보드 핀박스 등록특허공보

그렇다고 해서 완성된 특허(실용신안) 명세서 수준으로 특허청의 심사 기준에 맞춰 세밀하고 상세하게 작성할 필요는 없고 또 변리 업무에 능통하지 않은 일반인이 그렇게 하는 것도 쉽지 않다. 내가 아닌 담당 변리사가 보았을 때 발명의 핵심 사항을 이해할 수 있을 정도면 된다. 근래 우리나라에서도 서핑을 즐기는 인구가 많이 늘었고 서프보드를 제작하

는 쉐이퍼들이 국내에도 있는데, 그중에서 아무르타이거 브랜드의 쉐이퍼인 류창수 대표의 아이디어를 예로 들어 소개한다.

그림 1-7은 등록특허 제10-1955006호_(발명의 명칭: 리쉬코드 일체형 서프보드 핀박스, 2019. 2. 27. 등록)의 공고 내용을 캡처한 것이다. 한눈에 봐도 캐드로 작업한 도면을 참고로 아이디어를 통해 청구하고자 하는 내용이 무엇인지 청구항에 명확하게 기재되어 있다. 비록 처음 생각했던 것보다는 심사 과정에서 청구범위가 다소 변경되기는 하였지만 대리인인 변리사의 조력을 받아 특허등록을 받을 수 있었다. 이러한 특허의 초기 아이디어 설명은 어땠을까? 그림 1-8은 해당 특허의 발명자가 초기 아이디어를 설명하기 위해 제시한 설명서다.

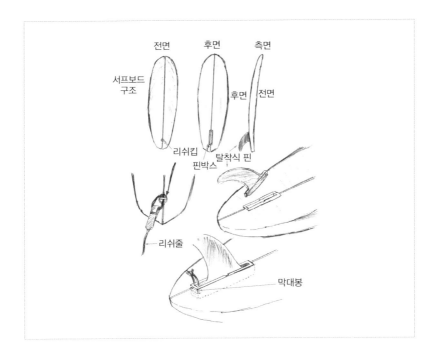

아이디어명	서프보드 핀박스, 리쉬코드 일체형
아이디어 개요	파도를 타는 서프보드를 구성하는 부분 중 서프보드에 판을 탈부착할 수 있게 해 주는 핀박스와 안전을 위해 사람과 서프보드를 연결시켜주는 줄 리쉬줄을 부착시키는 리쉬컵이 있는데 이 둘을 일체형으로 만들어서 서프보드 제작 공정을 단축하고 리쉬컵을 제거해 줌으로써 리쉬줄 매듭으로 발생할 수 있는 부상을 줄인다.
아이디어 상세설명	기존 서프보드의 전면에 있는 리쉬컵을 제거하고 후면에 있는 핀박스 내부에 리쉬줄 매듭을 묶을 수 있는 봉을 설치하여 리쉬컵이 필요 없는 핀박스 일체형으로 제작한다. 사람과 서프보드를 연결하는 생명줄 리쉬줄을 보드에 묶을 수 있는 장치 리쉬컵을 서프보드 핀박스와 일체형으로 만들어서 제작 시 공정을 단축시키고 서핑 중 리쉬줄 매듭에 발가락이 끼어 발생하는 골절상 등 기타 리쉬컵이나 매듭에 의한 부상을 줄인다.

그림 1-8 서프보드 핀박스 특허의 발명 내용 설명서

아이디어의 개요에서 대략적인 발명의 방향성과 그 효과를 알려준다. 서프보드를 제작하는 쉐이퍼로서는 서퍼와 보드를 연결하는 리시 코드(줄)를 달기 위한 구조 때문에 공정이 늘어나는 단점을 해결할 수 있고, 서퍼도 리시 코드 컵이 없는 구조로서 매듭 때문에 발생할 수 있는 부상을 방지할 수 있음을 알 수 있다. 또한 상세 설명으로부터 리시 코드 컵을 없애기 위해 서프보드의 핀이 설치되는 핀박스 내부에 봉을 보드의 길이 방향과 직교하도록 매듭을 묶을 수 있는 봉을 만들어 주는 것이 핵심이라는 것을 쉽게 이해할 수 있다.

문서 작업에 익숙한 발명자가 아니지만, 본인의 아이디어를 그림과 함께 명확하게 설명했기 때문에 담당 변리사가 아이디어의 핵심을 명확하게 포착할 수 있고, 이후의 상담 및 명세서 작성 과정을 통해 리시 코드와 연결되는 연결봉이 어떠한 구조로 형성되는지에 대한 세부 사항을 확정하는 과정이 수월하게 진행되었을 것으로 보인다.

위 사례는 간단한 예시를 위한 것이고 특별히 모범적이거나 이상적인 것으로 필자가 제안하는 것은 아니다. 오히려 특허와 친숙한 엔지니어의 전문적인 발명신고서가 아니다 보니 정석과는 다소 거리가 있다. 다만 특허를 처음 접하는 발명자들로 하여금 참고할 수 있도록 하기 위해 여기서 제시하는 사항이다. 발명 내용을 설명하기 위한 정석을 제시하자면, 먼저 내가 떠올린 아이디어에 관한 목적, 구성 그리고 효과로 나누어 적어볼 것을 권한다. 하늘 아래 새로운 것은 로또에 맞을 확률보다 낮다는 것을 염두에 두고, 아이디어는 대부분 자신의 업을 하면서 기존의 제품이나 업무 방법에서 불편하거나 미진한 점으로부터 출발한다. 그것을 해결해보기 위한 것이 목적이 될 것이다. 그러한 목적을 이루기 위해 내가 착안한 아이디어가 구조나 방법의 단계 등을 '어떻게(how)' 바꾸고 새로이 추가하였는지에 대한 구성이 바로 발명의 핵심이다. 발명자들 중에 어떻게는 빼고 막연히 목적이나 효과만 말로 설명하는 사람이 있는데, 어떻게가 없으면 무용지물이다. '미세먼지가 심하니까 비를 내리게 하거나 서해안에 보이지 않는 방어막을 설치하겠다.'와 같은 것은 비를 내리게 할 방안이나 방어막을 형성할 물질이나 구조와 같이 어떻게가 빠진 것이나 다름없다. 목적과 구성을 쓰고 나면 효과는 대부분 목적과 연관되거나, 부작용에 의해 추가적인 효과가 생길 수 있을 것이다(예를 들면 서프보드 제작 공정을 간소화하려고 리시 코드 컵을 없앴는데, 서퍼가 매듭에 걸려 다칠 가능성도 없애는 효과를 추가로 거둔다).

(3) 특허출원 진행 과정

 변리사와 상담하기

"전문가의 시간과 경험은 소중하다."

변호사, 세무사, 회계사, 변리사 사무소들의 간판이나 광고에 자주 등장하는 문구가 '무료 상담'이다. 미국에서는 변호사랑 몇분 전화만 해도 어마어마한 비용을 청구한다는데 우리나라는 이렇게 공짜로 상담해 주는 곳이 많으니 건강보험만큼 천국인가 싶을 정도다. 과연 그럴까. 모두의 시간이 소중한 것처럼 전문가의 시간은 당연히 소중하다. 그가 공부하고 경험을 통해 체득한 노하우를 곁들여 쏟아야 할 자원이다. 그런데도 무료 상담을 넘어 심지어 성공보수도 안 받겠다는데 혹할 만하다. 그러나 공짜 점심은 없다는 유명한 격언처럼 세상에 공짜는 없다. 무료 상담의 대가는 어떤 식으로든 서비스 비용에 포함될 것이고, 성공보수가 없다면 치열한 고민 없이 공장처럼 특허명세서를 쓸 가능성이 높다. 서비스의 품질을 낮추든 무언가 빼든[9] 어떻게 해서든지 수지를 맞출 수밖에 없기 때문이다. 전문가의 식견과 시간이 가치를 지니는 점을 감안하면, 비용을 치를 때 전문가 서비스가 제대로 이루어질 것은 명확하다. 공짜가 무조건 나쁜 것은 아니지만 공짜도 비용이다.

---

[9] 인터넷을 통해 찾은 저렴한 가격만 내세우는 특허상표 출원 서비스를 이용했다가 나중에 회복시켜 달라고 제대로 된 변리사 찾아가봤자 대개 방법이 없다. 엔진 빼고 설계한 자동차를 명장에게 가져간들 고칠 수가 없듯이.

그렇다면 이처럼 공짜가 아닌, 전문가의 시간, 노력과 식견을 활용하는 상담 서비스를 어떻게 하면 잘 활용할 수 있는가. 가장 중요한 초점은 '발명 그 자체'에 집중하여 논의하는 것이다. 발명자가 인간이기 때문에 그 발명에 이르게 된 과정이 무척 자랑스럽고 그간의 노력을 변리사(뿐 아니라 누구든)에게 인정받고 싶은 마음이 드는 것은 당연하다. 하지만 상대방인 변리사의 시간과, '집중력'은 한정되어 있다. 변리사도 사람이니까. 결국 특허청의 심사관이나 심판관, 법원의 법관에게 내 발명 내용을 잘 전달할 수 있도록 특허가 만들어지는 것이 중요한 것 아닌가. 이 발명이 지구의 평화를 이루어낼 것이며, 온 인류를 구원할 것이라는 점은 심사관, 심판관, 법관에게는 고려사항이 아니다. 고려사항이 될 수 있는 비공식적 예외가 없지는 않지만 여기서 밝히기는 어려우니 독자들이 양해하길 바란다. 발명의 효과가 지구와 인류를 구한들, 발명 내용이 정확하게 전달되지 않거나 진보적이지 않으면 어차피 좋은 특허가 되지도, 특허등록을 받지도 못한다. 인류를 구하는 것보다는 미약한 효과를 갖지만 기술적으로는 어려운 발명이 오히려 좋은 특허가 될 가능성이 있다.

　　필자가 공공 부문에서 상담 창구를 운영하면서 찾아오는 발명자들 중의 일부는 발명 내용은 마지막에 5분 설명하고, 본인의 젊었을 때부터의 인생 역정부터 시작하여 국제 정세와 지역의 미래에 대한 온갖 비평, 가족사 위주로 긴 서론을 이야기하는 것을 보았다. 차라리 발명 자체에 대해서 20분 설명하고 돌아가서 추가연구를 하거나 제품을 하나라도 생산하는 것이 바람직할 것이다. 그러니까 발명 내용에 초점을 맞추어 압축적으로 진행하는 것이 바람직하다. 그리고 발명을 설명할 때도 인류를 구하기 위한 목적과 효과보다는, 발명의 '구성'의 디테일을 설명하는 데 더 큰 비중을 할애해야 한다. 다짜고짜 "내가 뭐를 하나 만들어 특허를 받으려는데, 이게 남자한테 이렇게 좋아요."라고 구두로 설명하기보다, 개선을 이루어냈다고 생각하는 사항(손으로 그려도 좋다)을 그림이나 순서도로 그려낸 뒤 그에 대한 설명을 적어서 지참하면 더 효율적으로 변리사를 활용할 수 있게 된다.

추가로 팁을 하나 더 드린다면, 필자도 변리사 업무가 아닌 다른 전문가, 예를 들어 변호사, 세무사나 노무사와 상담할 때 쓰는 방법인데 상황에 따라 몇만 원~10만 원 수준의 비용을 지급할 요량으로 먼저 상담료 수준을 묻는 것이다. 만일 상담료를 받지 않는다고 끝까지 거절하면 다른 부대물품을 구입하거나 먹을 것을 사가는 방법도 있다. 정식으로 사건을 수임하게 되면 대개는 나중에 서비스 비용에서 그 금액만큼 빼주게 마련이다. 필자가 변리사 자격증과 면허를 갖고 있는 전문 자격사라서 하는 얘기가 아니다. 소액이라도 정식으로 비용을 받게 되면 전문가로서도 상담에 임하는 마음가짐이 같지 않다. 통상적인 수준으로 답변했을 상황에서 좀 더 심사숙고하고 다양한 가능성을 감안해서 답을 해주게 된다. 고객이 단돈 몇만 원이라도 결제했다면 그냥 말로 끝냈을 상담을, 검색엔진을 통해 선행 기술을 좀 더 정성 들여 검색해보는 식으로, 결제한 금액의 몇 배 이상의 노력을 하게 되기도 한다.

 비용은 얼마나 들까(특허)

특허(실용신안 포함)를 받는 데 드는 비용의 기본적인 구조는 큰 틀에서는 상표와 마찬가지로 앞서 설명한 특허청 수수료(관납료)와 변리사의 수임료(+부가가치세)로 구성된다. 특허는 간단한 설명만으로 출원서를 작성할 수 없고 기술자료와 발명자 면담을 통해 파악한 기술과 선행 기술을 검토하고 명세서를 면밀히 작성하는 등의 노력을 하여야 한다. 그래서 관납료뿐 아니라 수임료 모두 상표에 비해 한 건당 비용은 상당히 든다는 차이가 있다. 더구나 특허는 특허청의 심사관이 지적하는 거절이유를 극복하기 위해 의견서를 내거나 재심사를 받는 것을 포함해서 특허청과 출원인 사이에 오고 가는 무언가가 상표에 비해 평균적으로 더 많다.

앞서 상표에서 설명한 것처럼 관납료는 변리사에 따른 차이가 없다. 다만 주의할 점은 특허, 실용신안이나 디자인은 초중고 학생인지, 장애·유공자인지, 나이가 많거나 어린지, 중소기업인지에 따라 할인율이 달라진다는 것이다.[10] 표 1-3을 참조하면 개인은 기본적으로 70%의 감면율이 적용되지만 더 할인받을 수 있음에도, 자신의 상황을 정확히 전달하지 않으면 놓칠 수 있으니 미리 알고 있으면 비용을 줄이는 데 도움이 된다. 관납료를 할인받는다고 해서 변리사의 수입이 줄어드는 것도 아니고, 특허청에서도 할인을 많이 했다고 해서 심사를 대충하진 않으니 당연히 잘 챙겨야 한다.

---

10 상세는 특허로 사이트 내 '출원료 등의 감면 안내' 참조, 〈https://www.patent.go.kr/smart/jsp/ka/menu/fee/main/FeeMain01.do〉, 2021. 9. 8. 최종 방문.

표 1-3 수수료 감면제도[11]

감면 대상자	출원료·심사청구료 설정등록료(최초 3년 분)	연차등록료 (4년 차 분 이후)
• 의료급여 수급자 • 국가유공자 및 유가족 • 5·18 민주유공자 및 유가족 • 고엽제 후유증 환자 및 2세 환자 • 특수 임무 수행자와 유족 • 독립유공자 및 유가족 • 참전유공자, 학생, 등록 장애인 • 만 6세 이상 만 19세 미만 • 군사병, 공익근무요원, 전환복무 수행자	면제 (연간 10건 이하) * 특허·실용신안 1출원당 청구항 30개 이하 일 때는 심사청구료 면제 * 복수디자인 출원 시 1출원당 디자인 3개 이하 일 때는 면제	50% 감면 (4년~존속 기간)
• 만 19세 이상 ~만 30세 미만인 자 • 만 65세 이상인 자	85% 감면 (연간 20건 초과 시 출원료 30% 감면)	
• 개인	70% 감면 (연간 20건 초과 시 출원료 30% 감면)	50% 감면 (4년~존속 기간)
• 중소기업	70% 감면	
• 공공연구기관 • 기술 이전·사업화 전담 조직 • 지방자치단체 • 중소기업과의 공동연구 결과물 출원	50% 감면	
• 기술신탁관리기관·은행 (개인·중소기업 등 대상 IP 금융 실행 시)	–	
• 중견기업	30% 감면	30% 감면 (4~9년)
중소기업·중견기업 중 • 직무발명보상 우수기업 • 지식재산 경영인증기업	–	20% 추가 감면 (4~6년)

11 특허청 홈페이지 정책/업무＞지원 시책＞지식재산권 기타 지원＞수수료감면제도.
〈https://www.kipo.go.kr/kpo/HtmlApp?c=52603&catmenu=m05_02_06_03〉, 2021. 9. 18.
최종 방문.

이제 변리사 수임료는 얼마나 들까. 상표와 마찬가지로 정해진 수가가 없기 때문에 다양하다. 다만 역시나 매우 비공식적인 수준이라고 한다면 특허 기준으로 한 건당 150만 원±@에 부가가치세를 더한 선에서 착수금이 있을 수 있다. +@가 발생할 수 있는 것은 기술이 매우 복잡하고 어렵거나 바이오 분야에서와 같이 발명 내용의 분량이 매우 많거나 여러 번의 대면 미팅·수정이 이루어져서 비용이 추가되는 상황이 있기 때문이다. 대기업의 수임료가 5백만 원 이상으로 올라가는 때도 있는데, 이는 최첨단 기술이고 회사에서 중요한 발명인 경우다. 역으로 +@ 대신 −@가 될 수도 있는데, 같은 기술이지만 특허법 규정상 발명이 복수로 나누어져야 하거나 이미 출원했던 발명을 일부 개량해서 다시 출원할 때 협의에 의해 할인을 받는 경우다. 상표와 달리 특허는 실무상 특허청 심사관에게 거절이유를 99.9%의 확률로 받는다고 보면 되고, 이러한 거절이유에 대응하기 위해 분석하고 의견서와 보정서를 제출하는 비용으로 20±만 원 선에서 비용이 발생한다. 한 번의 의견 제출로 극복이 되지 않으면 재심사나 거절결정에 대한 불복심판, 특허법원이나 대법원까지 소송을 진행할 수도 있으며 이때는 매번 비용이 크게 늘어날 수 있다. 심사관의 거절이유를 잘 극복해서 등록결정을 받는다면 성사금으로 착수금 수준의 금액을 생각하면 된다.

장 변리사의 제언 2 비용, 출원이 끝이 아니다

군대가 항공모함 한 척을 가지려면 몇조 원, 전투기는 몇백억 원이 필요하다. 그에 비해 소총은 너무나 싼(?) 몇십~몇백만 원이면 살 수 있을 것이다. 그런데 항공모함이든 딱총이든 훈련이나 실전을 치르려면 시간이 갈수록 구매 비용에 못지않게 운용과 유지보수 비용이 든다(소총이 무슨 유지비냐고 하겠지만 사격 실력을 유지하기 위해 종종 훈련을 하려면 최소한 총알값은 든다). 부대에 전시하려고 무기를 구매하지는 않을 것이니 당연히 생각해야 하는 비용이다.

그런데 특허를 이제 막 접한 발명자들의 상당수는 특허를 출원해서 등록만 되면 만사가 해결될 것이라고 기대하는 것으로 보인다. 군대로 치면 특허라는 소총을 사두기만 했지, 연차등록료 납부라는 유지보수비, 내 특허를 경쟁자의 제품과 비교·분석해보는 훈련, 개량특허를 출원하는 무기 성능 개량, 심판·소송에 투입할 변리사·변호사 수임료라는 전투 비용은 생각지 않은 것과 마찬가지다. 설사 경쟁자가 내 특허를 보고 두려워서 침해할 생각을 하지 않아 전투가 벌어지지 않더라도, 특허를 유지하는 데는 매년 비용이 든다(연차등록료 내지는 줄여서 연차료라고 한다).

소상공인과 소기업이라면 연차등록료 할인 혜택이 크게 주어지고 있으니 유지 부담이 과거에 비해 많이 줄었다. 특허는 출원에서 끝이 아니고 출원한 이후에도 비용이 필요한 자산이라는 점은 염두에 두길 바란다.

미리 갖추면 좋은 서류들

특허출원을 직접 해야 한다면, 그리고 여태껏 특허나 실용신안, 또는 상표든 디자인이든 대한민국특허청에 절차를 밟아본 적이 없다면? 처음 맞이하는 미션은 특허고객번호 발급받기다. 예전에는 출원인 코드라고 불렀지만 특허출원이 아닌 다른 신청을 하는 사람도 특허에 관한 절차를 밟으려면 발급받아야 하는 코드이다 보니 2016년 9월부터 특허고객번호로 명칭을 바꾸었다. 사이트나 온라인 서비스의 회원 가입을 위한 계정 만들기처럼 특허청에 나의 계정을 만드는 것이라고 생각하면 된다. 처음에 한 번만 하면 되는 절차이니 그다음에 다른 절차를 밟거나 다른 출원을 할 때는 자신의 특허고객번호를 이용한다.

직접 하든 변리사를 선임하여 절차를 밟든 특허고객번호를 받기 위해 공통적으로 필요한 정보는 개인인 경우 주민등록번호와 이름이고, 법인이면 법인등록번호와 법인 명칭이다. 그리고 종이에 날인한 개인인감 또는 법인인감 이미지가 필요하다. 개인사업자도 주체는 개인이므로 개인인감 이미지인 것은 같다. 인감 이미지가 필요하지만 스캐너를 사용할 수 없는 상황이라면 도장을 찍어서 선임한 변리사에게 보내어 스캔을 부탁하거나, 스마트폰 카메라로 깨끗하게 촬영한 이미지를 사용하는 방법도 있다.

우리나라의 전자정부 완성도가 높고 특허행정이 세계적으로 고도화된 만큼 특허청에 제출되는 서류의 대부분이 전자문서로 작성된다. 그래서 등록된 인감의 이미지 파일이 준비되었다면, 공동인증서를 이용해서 나머지 절차를 진행하면 된다. 그렇지만 이메일도 쓰지 않을 정도로 컴퓨터와 인터넷에 익숙하지 않으면서, 굳이 변리사 선임 없이 직접, 특허청에 '종이문서'로 절차를 밟는다면, 특허고객번호부여신청서 서식, 그리고 여기 첨부할 주민등록등·초본, 가족관계증명서, 인감증명서 또는 본인서명사실확인서 중의 한 통이 필요하다. 법인이라면 법인등기사항증명서 1통, 그리고 전자문서로 절차를 밟으려면 사업자등록증명 1통이 추가로 필요하다.

이상의 서류들은 미리 갖추면 출원을 빨리 마무리하는 데 도움이 될 수 있기를 바라는 마음으로 소개한 것들이다. 그렇지만 특허를 출원하기로 하여 발명에 관한 상담을 하고 명세서를 검수하는 과정을 거치면서 선임한 변리사의 안내에 따라 진행해도 늦지는 않다. 다만 직접 특허출원을 하고자 한다면 참고가 되기를 바란다.

장 변리사의 제언 3 직접 출원하면 어떨까

본론부터 말하면 특허 전문가가 아닌 이상 특허출원을 직접 하는 것은 절대 권하지 않는다. 본인이 발명자니까 본인의 기술에 대해서 가장 전문가이니 특허명세서도 본인이 작성하여 출원하는 것이 괜찮다고 생각할 수도 있겠지만 우선 특허≠기술이다. 극단적으로 말하면 별로인 기술인데 그럭저럭 괜찮은 특허가 될 수도 있는 반면, 훌륭한 기술인데 특허는 쓰레기일 수도 있다. 더구나 특허는 출원이 아니라 심사관으로부터 거절이유통지를 받는 순간부터 특허 만들기 과정이 본격적으로 시작되는데, , 특허 전문가가 아닌 사람이 작성한 명세서는 기술적으로 새롭고 진보성이 있느냐 하는 판단을 받기도 전에 특허명세서가 엉망이라 도저히 심사를 할 수 없다는 통지(업계 속어로 '기재불비'라고 한다)부터 받게 될 가능성이 매우 높다. 그 상태에서 시간이 흘러 특허출원 내용은 공개되어 버리고 심사관을 설득하는 데 실패하고서 뒤늦게 변리사를 찾아와 본들, 이미 만천하에 발명 내용의 핵심이 알려져서 손쓸 방도가 없다.

상표출원도 전문가의 조력을 받는 것이 가장 바람직하지만, 직접 출원하여 약간의 수임료라도 아껴보겠다면 그나마 특허보다는 해볼 만하다. 특허처럼 복잡한 규칙에 맞추어 명세서를 작성하지 않아도 되며, 특허청이 제공하는 서식작성기에서 지정상품 검색을 통해 적절한 지정상품도 입력할 수 있기 때문이다. 정말로 그 누구도 쓰지 않을 것 같은 새로 만든 단어(조어)이거나 절대로 누구도 비슷한 것을 창작하지 못했을 것 같은 도안이나 도형이라면 지정상품을 불문하고 등록 가능성이 있으니 직접출원도 시도해볼 만하다. 대신 직접 출원한다면 창업하기 오래전에 그리고 여러 개의 후보를 출원해 놓기 바란다. 그중 어느 것이 거절되더라도 등록결정 받는 상표를 골라서 쓰면 되기 때문이다. 그런 경우가 아니라면 특허보다 수임료 수준도 훨씬 낮으니 상표출원도 변리사의 조력을 받기를 권한다. 출원하고 마케팅 다 한 후 간판까지 달았는데, 선등록상표 때문에 거절되고, 나아가 경고장도 받는다면 난감하지 않겠는가.

명세서 초안이 왔는데 뭘 봐야 하나

머릿속에서 구상한 아이디어를 말과 글로 표현하는 것은 정말 어려운 일이다. 기막힌 아이디어가 있다면서 상담을 요청하는 다수의 발명자가 흥분에 찬 목소리로 본인의 아이템을 자랑은 하는데, 그 내용을 명확하게 설명하지 못하는 일이 다반사다. 그러니 본인의 아이디어를 글로 쓰고 필요하면 그림을 그려 보라고 했을 때 척척 써 내려가기가 쉽지 않다. 그렇지만 다른 사람의 도움을 받아서라도 글로 표현할 수 없다면 그것은 완성된 발명이 아니다. 나아가 특허든 영업비밀이든 아이디어를 보호받으려면 결국은 문서로 작성해야 한다.

나아가 발명을 완성한 뒤에 변리사를 선임한다고 해도 발명자 자신의 관심이 없다면 그 특허출원은 온전하게 진행되지 않는다. 발명자와 상담한 변리사나 실무자로부터 초안을 받았을 때 적극적으로 피드백을 하고 의견을 교환하지 않으면 배가 산으로 가기 십상이다. 출원이 완료된 후 한참 세월이 지나서야 내 발명이 원래 이게 아니라고 한들 이미 돌이킬 수 없는 노릇이다.

그래서 유능하고 성실한 변리사를 선임했고 특허에 관심을 기울이며 발명 내용을 담은 문서를 주고받은 뒤 대면 회의를 통해 특허의 방향성까지 정했다. 조금 지나니 기다리던 특허명세서 초안이 왔고, 변리사가 검토해보고 의견을 달라고 한다. 그런데 무엇을 어떻게 봐야 하는지 막막하지 않을까? 여기저기서 특허가 중요하다는 캠페인은 많이 펼쳐지고 있는데, 정작 평범한 발명자들에게 이런 것을 가르쳐주는 곳을 본 적이 없다. 필자가 이 책을 쓰게 된 계기 중의 하나도 바로 발명자나 출원인이 어떻게 검수해야 되는지 답답하다는 얘기를 자주 들었기 때문이다. 《우리 회사 특허관리》(장진규·박병욱, 2017)를 제외하면 발명자 입장에서 명세서 검토 방법을 담은 저술이나 교육 프로그램이 국내에 없으니 자료를 찾아보려 해도 알기가 어렵다.

그래서 일반인 발명자 입장에서의 팁을 드린다면 다음과 같다. 특허 명세서에서 특별히 중요하지 않은 부분을 고를 수는 없겠으나 그 핵심은 발명의 설명과 특허 청구범위다. 내 특허권을 행사할 때 그 권리범위는 특허 청구범위를 기준으로 한다. 특허 청구범위에 기재된 각각의 청구항 내용은 발명의 설명으로부터 지지되어야 한다. 그러므로 가장 먼저 검수하는 첫 단계는 다음과 같다.

1) 청구항에 글로 표현된 내용을 백지에 그린다.

도면이나 발명의 설명 부분을 참고하지 않고 일단 청구항 내용만을 가지고 발명의 구성을 그려 본다. 그림을 그려 보면 구성 요소들 사이의 결합관계가 비어 있거나 빠진 것이 있는지를 확인할 수 있고, 빠진 부분이나 결합이 불분명한 곳이 없는지 확인할 수 있다.

2) 1단계를 완료했으면 이제는 청구항의 내용이 발명의 설명과 도면에 모두 잘 적혀 있고 대응하는지 확인한다.

청구항에는 A라고 했는데 발명의 설명에는 B라고 적혀 있으면 무엇이 맞는지 확인한다. 그리고 청구항에 기재된 사항이 혹시 너무 좁거나 너무 넓게 적힌 것은 아닌지도 확인한다. 예를 들어 과일이 첨가된 고기

국수에 관한 발명에서 국수에 들어가는 비법 과일로 사과, 배, 키위, 바나나 등 수십 가지를 발명의 설명에 썼고 어느 것이든 진보적인 구성으로 보이는데, 청구항에 '바나나'라고만 쓰거나 '열대과일'이라고만 쓰면 너무 한정적으로 작성된 것이다. 그럴 땐 과일로 정정할 필요가 있다. 이와 달리 사과나 배를 넣는 방법은 알려져 있지만, 바나나나 애플망고, 망고스틴, 구아바 같은 열대과일을 일정 비율로 넣는 것은 알려져 있지도 않을뿐더러 엄청난 효과가 있고, 특히 바나나일 때 더욱 드라마틱하다면? 청구항에 열대과일을 기재하고, 그 청구항을 더 꾸미는 종속항에 그 열대과일은 바나나라는 식으로 한정해서 출원해야 할 것이다.

이와 같이 검토한 후 내 생각과 다르거나 빠진 부분이 있다면 명세서 초안을 작성한 담당자에게 수정과 보완을 요청하면 특허출원된 발명 내용이 내 생각과 달라지는 일을 제대로 방지할 수 있을 것이다. 이렇게 글로만 설명하니 아무래도 감이 오지 않을 것이다. 그래서 근래 인기를 얻은 대기업 제품 중 스타일러 또는 에어드레서라고 불리는 의류관리기 제품에 관련된 특허명세서를 예를 들어 설명하기로 하고, 먼저 독립청구항 1항은 다음과 같다.

청구항 1

왕복 운동을 할 수 있는 옷걸이대에 의류를 매달기 위한 옷걸이에 있어서,

의류가 걸쳐지는 걸이부;

상기 걸이부를 상기 옷걸이대에 매다는 고리; 및

상기 걸이부로부터 하측으로 연장되고, 상기 옷걸이대가 왕복

운동할 때 탄성적으로 휘어지며 상기 의류를 타격하는, 적어도 하나의 먼지떨이봉을 포함하는 옷걸이.

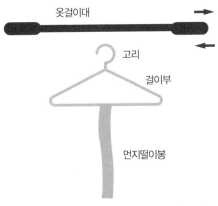

그림 1-9 청구항 제1항을 보고 그린 그림

제1항을 보면 옷걸이가 스타일러나 다른 어떤 기계에 쓰일 것인지는 모르겠지만 왕복운동을 하는 어떤 막대[12]인 옷걸이대에 옷걸이를 매달기 위한 고리, 옷을 거는 부분인 걸이부, 걸이부에서 밑으로 늘어지는 탄성 소재인 먼지떨이 막대(봉)이 하나 이상 결합되어 있다. 고리가 옷걸이에 결합되고 먼지떨이봉이 옷걸이 아래로 결합되는 관계도 명확하게 이해할 수 있어 보인다. 그러면 나머지 청구항 2-3을 살펴보자.

---

12 대라고 하면 무언가를 받쳐주는 받침을 뜻하는 臺(대)인지, 길쭉한 막대기를 뜻하는 대인지 알 수 없지만 옷걸이대가 왕복운동을 한다고 전제부에 표현된 점으로부터 막대기로 해석하는 것이 합리적이라고 보았다.

청구항 2

제1항에 있어서,

상기 적어도 하나의 먼지떨이봉은,

소정 길이의 제1먼지떨이봉; 및

상기 제1먼지떨이봉보다 길이가 긴 제2먼지떨이봉을 포함하는 옷걸이.

청구항 3

제2항에 있어서,

상기 제2먼지떨이봉은,

상기 걸이부와의 사이에 상기 제1먼지떨이봉이 위치되는 영역을 한정하는 옷걸이.

청구항 2-3을 추가로 고려해서 그려 보면 다음과 같다.

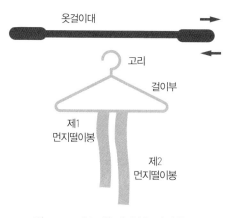

그림 1-10 청구항 제2항을 반영한 그림

청구항 2를 볼 때 제1먼지떨이봉보다 더 긴 제2먼지떨이봉을 추가하긴 했는데 상식적으로 왜 굳이 길이를 달리해서 하나 더 붙이겠다는 것인지는 알 수가 없다.[13] 다만 청구항 3을 보면 제2먼지떨이봉이 제1먼지떨이봉이 위치하는 '영역을 한정'한다고 한 점에서, 특허분야의 전문가라면 제2먼지떨이봉이 어떤 형태로 제1먼지떨이봉을 둘러싸거나 할 것이라고 짐작할 수 있지만 명확해 보이진 않는다. 그렇다면 이제 해답지를 보듯 원래 명세서의 발명의 설명과 도면을 볼 차례다.

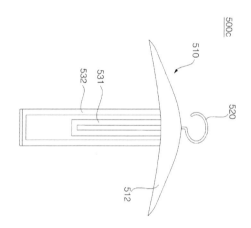

그림 1-11 특허출원명세서의 도면

---

13 원칙적으로 서로 교환 가능(exchangeable)한 구성 요소들 간이 아니라면 제1, 제2...제n으로 명명하는 것이 바람직한 실무는 아니다. 고민스럽다고 하더라도 가급적 개별 명칭을 붙여주는 것이 원칙이다.

그림 1-11은 옷걸이대(512), 고리(520)와 제1먼지떨이봉(531), 제2먼지떨이봉(532)을 나타낸다. 옷걸이대와 고리의 결합은 청구항으로부터 상상한 바와 같지만, 먼지떨이봉들(531, 532)이 봉이라기보다는 ㄷ자형 '프레임'에 가깝다고 느껴진다.[14] 제2먼지떨이봉(532)이 제1먼지떨이봉(531)이 위치하는 영역을 한정한다는 의미도 제1먼지떨이봉(531)이 제2먼지떨이봉(532)의 내주면 안에 위치한다는 것임을 알 수 있다. 발명의 설명과 도면에 의해 뒷받침은 가능한 사항들이고 특별히 옳고 그르다고 판단할 사항이 아니므로 명세서는 적절히 작성된 것으로 보인다. 여기서는 특허명세서를 검수하고자 하는 과정의 예를 제시했으니, 독자 여러분께서 이러한 흐름과 방법론을 참고하여 명세서 검수에 도움을 받으실 수 있기를 바란다.

---

14 해당 특허출원명세서의 발명의 설명 부분을 참고하면 실제로 ㄷ자형 프레임이라고 설명하고 있다.

CHAPTER 02

시제품을 만들면서

1

디자인이 멋진데?

(1) 저작권? 디자인권? 부정경쟁행위?

COVID-19가 세계 경제를 강타한 지 1년이 넘었다. 감염병 여파로 피해를 입은 시민과 기업이 많지만, 특히 소상공인들에게 집중된 것으로 보인다. 그 어려움 속에서도 더 나은 내일을 꿈꾸며 새로운 형태의 제품과 사업을 기획하는 움직임을 종종 보는데, 소상공인은 특허보다 상표나 디자인에 관심이 더 많은 편이다. 그런데 지식재산권(IP) 전담 조직이 갖추어진 기업과 달리 소기업 및 소상공인들로서는 IP 관련 지식이 부족하다 보니, 본인의 기획결과물이나 창작물을 어떠한 권리로 보호받아야 하는지 명확히 알기 어려울 것이다. 상담을 해보면 도형, 기호, 형상, 폰트, 저작물 간은 물론이고 브랜드, 상표, 디자인, 저작권과 특허까지 용어를 섞어 쓰는 것이 다반사다.[15] 그러나 창작 내용과 사업의 종류에 따라 적합한 권리가 다르다.

---

15   특히 언론에서 외신 기사를 인용해 보도하면서 다른 세계 주요국들과 달리 디자인보호법이 분화되지 않고 특허법 안에 있는 미국법에 따른 용어, '디자인 특허'를 그대로 사용하여 혼란을 가중시킨 것 같다. 이는 아쉬운 대목이다.

디자인 얘기를 하다 보면 상표도 자주 등장하는데, 상표와 디자인을 구분해야 한다. 창작한 대상의 형태가 문자나 기호, 또는 완전히 새로 디자인한 도형들을 내 사업이나 상품을 남의 것과 구분하려고 쓰는 것은 상표다. 그리고 상표는 어느 상품(서비스)에 쓸 것인지도 매우 중요하다. 전자제품 판매업자가 삼성을 사용하면 위험하겠지만 삼성공인중개사무소는 전국에 꽤 많은데도 별다른 문제가 없는 것을 보라.

유형물이 아닌 물품에도, 심지어 서비스 자체에도 상표[16]를 붙일 수 있는 것과 달리, 디자인보호법에 따른 디자인은 기본적으로 '물품'의 형상이나 모양에 관한 것이다. 그래서 2차원 형태의 캐릭터를 창작한 것만으로는 저작권법상의 저작물은 될 수 있겠지만, 디자인보호법이 보호하는 물품이 되려면 예컨대 컵이라든가 인형과 같이 물품이 지정되어야 한다. 실무적으로는 캐릭터의 창작 같은 경우 물품성을 부여하기 위해 '표딱지'로 지정하여 출원하기도 한다. 스티커 등으로 인쇄하여 다른 물건에 부착할 수 있기 때문이다.

그러면 또 저작권은 무엇인가? 법대로라면 인간의 사상이나 감정을 표현한 창작물이라고 하는데, 표현과 창작 같은 법리를 따지기엔 여러분의 시간도 부족하고 필자의 지식도 미치지 못한다. 다만 저작물의 종류를 들자면 소설이나 시, 각본이나 논문 같이 글로 쓴 어문 저작물, 우리

---

16 예전에는 서비스업에 대해서는 서비스표라고 했지만, 지금은 상표로 통일하여 쓰고 있다. 다만 상표등록을 출원할 때의 출원번호는 상품에 관하여서는 40으로 시작하고 서비스업은 41로 시작한다는 차이는 남아 있다.

에게 친숙한 음악 저작물, 그림이나 조각, 공예 같은 미술 저작물, 건물에 관한 건축 저작물, 사진 저작물, 영상 저작물, 그리고 소스 코드인 컴퓨터 프로그램 저작물이 있다. 참고로 글자체 폰트는 컴퓨터프로그램 저작물이다. 저작권법이 상표법이나 디자인보호법과 크게 다른 점이 있는데, 저작권은 등록을 하지 않아도 발생하는 권리라는 것이다. 등록을 해두지 않으면 다툼이 생겼을 때 창작 사실을 입증해야 하는 부담은 있지만 원칙적으로 그림을 그리든 음악을 작곡하든 완성하면 발생한다. 심사 과정을 거쳐 특허청에 등록해야만 권리가 생기는 상표권이나 디자인권과 근본적으로 다른 점이라고 할 수 있다.

결국 각각의 제도와 법에 따라 각각의 권리가 생겨날 수 있고 누군가가 베꼈을 때 각각의 법에 따른 권리구제도 가능하다. 예쁜 캐릭터를 창작하면 저작권이 생겨날 것이고, 그 캐릭터가 인쇄된 컵이나 인형의 디자인등록을 받는 동시에 음식점 간판과 컵 등 별도 판매 상품에 쓰기 위한 상표등록을 받을 수 있다. 다른 식당에서 메뉴나 그릇에 비슷한 캐릭터를 사용하면 디자인권 침해와 상표권 침해 책임을 동시에 추궁할 수 있을 것이다. 이와 달리 순수한 미술 작품인 그림이어서 저작권 침해만을 물을 수 있는 경우도 있다거나, 금고에 '비밀'이라고 써서 보관하고 있던 극강의 양념 레시피를 종업원이 훔쳐 달아나 음식점을 차렸다면 부정경쟁 방지 및 영업비밀의 보호에 관한 법률(줄여서 부정경쟁방지법이라고 한다)에 따라 영업비밀 침해행위에 대한 책임을 물을 수 있을 것이다.

창작의 결과물이 상표, 디자인, 저작물이나 부정경쟁방지법상의 표지나 상품 형태 중 어느 하나 또는 복수의 권리의 대상일 수 있다. 그러

1. 디자인이 멋진데?

나 권리의 종류에 따라 보호 방법이나 손해배상액은 모두 달라질 수 있다. 특허청의 심사를 통해 등록된 상표권이나 디자인 침해라면 부정경쟁방지법처럼 당신이 창작한 것이 유명한지 아닌지를 따질 필요가 없을 것이다. 반면 유명작가의 그림처럼 그림 하나만으로 가치가 높은 창작물이지만, 디자인권자의 공장 생산 능력이 미흡해서 디자인권 침해로 인한 손해액보다 저작권 침해에 따른 손해배상액이 훨씬 클 수도 있다. 따라서 가장 좋은 것은 전문가의 조력을 받아 최적의 방안으로 가능한 한 두텁게 보호받는 것이다.

(2) 저작권 등록, 꼭 필요한가요?

저작권법 제10조 제2항을 살펴보자.

제10조^(저작권) ② 저작권은 저작물을 창작한 때부터 발생하며 어떠한 절차나 형식의 이행을 필요로 하지 아니한다.

법에 정확히 나온 것처럼 저작권은 창작하면 발생한다. 특허나 실용신안, 상표, 디자인처럼 특허청 심사관의 심사를 거친 뒤 등록해야 하는 것이 아니다. 유명작가의 작품이든 초등학생의 그림이든 창작(이랄 만한 정도의 창작성이 있다면)하면 발생하는 것이다. 또한 어떠한 절차나 형식의 이행이 필요 없다는 것으로 보아, 등록을 하지 않아도 된다는 것을 바로 알 수 있다. 미국의 경우 1989년 3월 이전에는 저작물을 보호받으려면 ⓒ 표시를 하여 저작권에 따른 보호 표시를 요구하기도 하였다. 그러나 ⓒ 표시나 (c)[17]는 선언적인 의미를 가질 뿐이며 표시 여부가 보호를 결정

---

17   과거 타자기로 ⓒ를 표시할 수가 없어서 (c)가 통용되기도 하였다.

하고 있는 것은 아니다. 더욱이 등록도 필요하지 않다. 그런데 왜 저작권 등록을 하는 것일까?

몇 가지 이유가 있는데 가장 주된 이유는 내 창작물을 베낀 누군가를 발견하여 권리행사를 하려고 할 때, 내가 창작자이고 언제 창작했다는 사실을 법원에서 입증하기가 수월해서이다. 등록을 해야만 증명할 수 있는 것은 아니므로 내가 창작한 사실을 어떻게든 증명하면 된다. 예를 들어 전시회에 전시된 적이 있다거나 공모전에 입상했다면 보도 내용이나 계약서, 수상 사실 확인 등을 통해 내가 창작자이고 적어도 어느 날(공모 마감일이라든가 전시 시작일) 이전에 창작했다는 것을 입증할 수 있다. 그러나 신제품 개발을 위해 비밀스럽게 캐릭터를 준비하다가 그 도안을 책상이나 창고에 잠시 놓아두었는데 이를 가게 종업원이 보고 퇴사한 뒤 바로 베껴서 캐릭터 상품 판매에 나서면 어쩔 것인가. CCTV 영상[18] 같은 것이 없다면 난감할 것이다. 상대방이 자신이 먼저 창작한 것이라며 역으로 내가 저작권을 침해한다고 주장하면 울화가 치밀게 된다. 이럴 때 반격의 카드로 남겨둘 수 있는 카드란 점이 저작권 등록의 주요 효과다.

나의 창작이라고 이렇게 생각해주는 것을 등록 저작물의 저작자로 '추정'받는 추정력이라고 한다. 추정을 받게 되면 이제는 상대방이 내가 진정한 창작자가 아니란 점을 입증해야 하는 책임을 지게 된다. 나아가 괘씸한 침해자에게 돈이라도 받아내야 하는데 민사소송을 할 때 내 손해

---

18 공개된 장소가 아닌 사무실이라면 근로자 동의를 받지 않은 CCTV 설치는 불법이다. 창작물을 손님들 다니는 공개된 장소에 방치할 리가 없으므로 CCTV 영상도 없을 것이다.

액은 내가 입증해야 하는 것이 원칙이다. 내 작품을 베낀 저 사람 때문에 내가 원래 5천만 원어치 수입을 올릴 것을 그러지 못했다는 식으로 입증해야 하지만, 규모가 큰 회사나 유명 작가가 아닌 이상 판사가 손해배상액을 높게 인정해 주겠는가. 이럴 때 등록저작권이라면 적어도 1천만 원 내지는 5천만 원은 받을 수 있는 길을 열어놓았다.

분쟁에 휘말려서 좋을 것은 없다. 시간이 걸리고 돈을 쓰고 해서 손해배상을 받아도 크게 남지 않을 수 있다. 그러니 미리미리 조심하는 것이 가장 좋은 일이지만, 법률적인 부분을 떠나 저작권을 등록하면 좋은 점이 더 있다. 사업을 하는 입장에서는 여기저기에 저작권 등록번호 몇 호라고 광고 측면에서 쓸 수 있고 각종 공공 지원사업 신청서에 등록된 저작권이 몇 개 있다는 어필을 할 수 있다. 특허 등 특허청에 등록해야 하는 산업재산권에 비해 저작권 등록은 비용도 저렴하니 저작권 위원회 홈페이지를 통해 직접 도전해보기를 권한다.

(3) 영업비밀원본증명서비스

앞서 부정경쟁서비스에 대해서 다루다 보니 영업비밀이란 것이 등장했다. 영업비밀이라고 하니 특허, 상표나 디자인 제도에 비해서 왠지 신문·방송에서 들어본 것 같고 친근한 느낌이 든다. 얼핏 생각하기에 내 사업에 관련된 비밀이면 나라에서 법으로 정해서 전부 보호해줄 것 같기도 하다. 그렇지만 내가 생각하는 영업비밀이 반드시 법으로 보호되는 것만은 아니란 점을 염두에 두어야 한다.

일단 부정경쟁 방지 및 영업비밀의 보호에 관한 법률, 줄여서 부정경쟁방지법, 더 줄여서 속된 말로 부경법이라고도 하는 법은 영업비밀을 이렇게 정의한다.

제2조(정의) (전략) 2. "영업비밀"이란 공공연히 알려져 있지 아니하고 독립된 경제적 가치를 가지는 것으로서, 비밀로 관리된 생산 방법, 판매 방법, 그 밖에 영업활동에 유용한 기술상 또는 경영상의 정보를 말한다. (밑줄: 필자)

생산 방법, 판매 방법부터 시작해서 기술적인 내용뿐 아니라 경영상의 정보라고 하니 그 대상은 굉장히 광범위해서 어지간하면 해당될 것 같이 보인다. 실제로 영업비밀의 대표적인 예를 들면 제품·시설 설계도, 프로그램 소스 코드, 제품 생산 방법(앞서 설명한 마복림 할머니의 신당동 떡볶이 비법이나 코카콜라의 X 성분도 여기 해당할 수 있겠다), 원료 배합정보, 실험데이터 같은 연구개발 정보와 기술정보, 고객 명단, 신규 투자 계획, 판매나 홍보 매뉴얼과 같은 경영정보가 있다.

그런데 부경법에서 보호하는 영업비밀이려면 줄친 것처럼 세 가지 요건이 필요하다. 1) 공공연히 알려지지 않았고, 2) 경제적 가치가 있어야 하고, 3) 비밀로 관리되어야 한다. 어떤 실험데이터가 발표된 논문을 통해 다른 경로로 알려져 있다거나 유튜브에 소스 만드는 과정의이 담긴 영상을 업로드해서 소스의 비법이 알려졌다면 영업비밀이 아니다. 경제적 가치와 관련해서는 긍정한 판례는 많은 반면 그 가치를 부정한 판례들은 대부분 공공연히 알려져 있다고 해서 2)의 경제적 가치만 없는 사례가 많지 않다. 그나마 찾을 수 있는 예로, 어느 기업의 일일 및 월간 생산량에 대한 정보는 다른 관련 업체들도 여러 매체에 회사 소개를 할 때 자사의 생산량을 소개하고 있어서, 그 자체가 경제적 유용성이 있다고 볼 수 없다고 한 사례가 있다.[19] 그리고 소상공인이나 초기기업이 영업비밀로 인정받지 못하는 가장 큰 실수가 3)이다. 단순히 "이 서류 내용 비밀입니다."라고 얘기하는 정도가 아니라 비밀(영어로 Confidential 표시를 하는 경우도 있는데, 비밀 아닌 정보에도 습관적으로 쓰는 경향이 있는 것 같다)이라는 표시를 서류 겉면이든 파일 내부든 하여야 하고, 아무나 접근할 수 없고 정해진 사람만 정해진 방법으로 접근할 수 있는 통제가 있고, 비밀 유지 의무를 지우는 식으로 객관적으로 비밀로 관리를 해야 한다. 그러므로 소스 비법을 적은 노트라면 노트에 비밀이라고 써붙인 뒤, 자물쇠가 있거나 잠글 수 있는 서랍이나 캐비넷에 보관하면서 누가 어떻게 볼 수 있는지 절차를 정해야 할 것이다. 소스 코드나 설계도 파일이라면 종업원 모두가 접근할 수 있는 공유폴더가 아니라 특정 권한을 가진 사람만 접근할 수 있게 하는 절차와 규정이 필요하다. 음식점의 주방에서 소스 비법 노트를 누구나 볼 수 있게 놔두고 직원 한 명을 채용해서 "이거 보고 익혀서 일하세요."라고 했는데 그 직원이 경쟁 음식점을 차려서 소스 비법을 쓴다면 영업비밀로 인정받지 못할 가능성이 있지 않겠는가. 물론 며느리에게도 알려주지 않듯 관리하면 가장 철저하겠지만….

그런데 철저히 영업비밀로 관리했다고 하더라도 어쨌든 사람이 머릿속에 내용을 담고 이직을 하거나 경쟁 업체를 차리는 일, 걸리지 않고 잘 찍어서 빼돌리는 일까지 막기란 쉽지 않다. 내 비밀을 빼간 사실을 발견

---

19   대법원 2003. 1. 24. 선고 2001도4331 판결 참조.

하더라도 법적인 조치를 하려면, 내가 그 모든 사실을 증명해야 한다. 하지만, 상대가 그 비법이 당신 것이라는 증거가 어디 있느냐고 물었을 때 입증하기가 쉽지 않다. 그래서 등장하게 된 것이 영업비밀원본증명서비스다. 종이 서류는 아니고 전자파일에 대해서 지원하는 서비스다. 이 서비스는 원본의 전자파일의 해시값이라고 하는 암호 기술을 이용한 값과 공동인증서, 인증기관의 시간정보를 엮어서 어느 시점에 어떤 데이터가 존재했다는 것을 증명하는 전자기술이다. 영업비밀원본증명을 받아 두면 적어도 위 3)의 비밀로 관리했다는 사실과 언제 그 비밀이 존재했는지를 법원에서 입증할 때 도움이 된다. 처음 1년분 등록료가 1건당 1만 원이고 매년 유지비가 건당 3천 원이므로 크게 부담되는 수준은 아닐 것으로 보이니 기술이나 비법의 유출이 우려된다면 고려해보길 바란다.

(4) 디자인권의 강력함과 허점

특허에는 특(特) 자가 들어가서 특별한 느낌을 주기 때문인지, 무언가 혁신적인 기술이라는 이미지 때문인지 특허가 아니면 안 된다고 생각하는 분들이 있다. 그러나 디자인이든 특허든 각각의 권리를 부여받아 행사할 수 있는 것이며, 침해가 있으면 손해배상과 물건이나 설비를 제거하는 데 든 비용을 청구할 수 있는 것도 마찬가지다. 고의침해자라면 형사적으로도 특허권 침해죄나 디자인권 침해죄나 7년 이하의 징역 또는 1억 원 이하의 벌금형인 점도 차이가 없다. 특허권의 동생이라고 보거나 특허보다는 다소 약하다고 생각하는 실용신안권 침해의 경우도 마찬가지일 정도다.

복잡한 특허 기술이라면 과연 매우 강력하기만 할까? 물론 기술이 복잡한 만큼 그 시점에서 유사한 선행 기술이 적을 가능성이 있고, 그렇다면 그 특허가 별로 어려운 것이 아니라는 이유로 심판을 걸어 무효화하기가 어려울 수는 있다. 그러나 기술이 복잡하다는 것은 그만큼 구성 요소가 많거나 파라미터가 다양하다는 것을 의미한다. 특허나 실용신안권을 침해하려면 청구의 범위에 적힌 내용을 침해자의 제품이나 서비스가 모두 '그대로' 채용해야 하는데, 복잡하면 그만큼 그대로 쓰지 않을 가능성이 높아진다. 그러니 침해주장을 빠져나갈 구멍이 많아진다는 얘기다. 더구나 특허권을 행사하려면 상대방이 내 특허 기술을 그대로 베꼈다는 것을 입증해야 하는데, 이렇게 복잡한 기술이라면 그게 쉬운가. 입증 편의성이라는 점에서 특허침해의 입증은 컴퓨터 기술보다는 간단한 기구나 기계제품이 화학이나 컴퓨터 관련 기술보다 편하다.

디자인으로 시선을 돌려보자. 어떤 데이터가 어떤 형식으로 오간다거나, 섭씨 몇 도에서 몇 기압으로 압축하는 것을 리버스 엔지니어링을 하거나 비싼 시험기관에 보내서 성분을 찾아 입증할 필요까지는 없다. 내 디자인을 베낀 제품을 시장에서 하나 구입하든, 전시되어 있는 것을 매장에서 사진으로 찍든, 침해자의 웹사이트 설명이나 카탈로그를 입수하면 될 일이다. 내 등록디자인의 도면과 침해자의 제품 사진이나 도면을 대조해서 직관적으로 비슷한지 아닌지를 따지면 된다.[20] 또 누가 침해하는지 알아내기가 쉽다는 것이 장점이다.

---

20 물론 직관적으로 비슷하다고 해도 등록디자인과 비교 대상인 제품 간의 유사성 판단이 단순하지만은 않다. 애플 인크와 삼성전자 간의 둥근 모서리 분쟁만 보더라도 결론에 이르는 과정이 그렇지 단순하지 않다는 것을 알 수 있다.

다만 내 눈에 비슷해 보인다고 해도 반드시 유사하다고 판단되는 것만은 아니다. 예를 하나 들어보자.

그림 2-1 (왼쪽) 등록디자인, (오른쪽) 확인 대상 디자인[21]

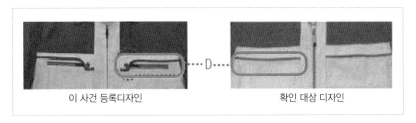

이 사건 등록디자인 ⋯⋯D⋯⋯ 확인 대상 디자인

그림 2-2 그림 2-1의 확대도(두 작업복의 가슴 부위 부분의 디자인)

그림 2-1의 작업복을 보면 둘 사이의 차이점이 있어 보이는가? 아니면 비슷해 보이는가. 왼쪽 작업복은 등록디자인이고 오른쪽 작업복은 디자인권자가 아닌 제3자의 작업복 디자인이다. 결론부터 말하자면 대법원은 그림 2-1의 디자인들이 서로 유사하지 않다고 판단했다! 구체적으로 몸체 윗부분과 아랫부분의 색이 짙고 옅은 점이나 지퍼 옆에 밝은색 긴 천을 댄 것 등은 유사하지만 이런 것들은 오래전부터 널리 알려진 작업복 디자인에 많이 사용된 요소라서 중요하게 볼 요소가 아니라고 보았다.

---

21 특허청, 「디자인분쟁 사례집 100선」

그렇지만 그림 2-2에서 보이는 부분은 작업복 앞면에 부착돼서 소비자가 잘 볼 수 있는 핵심적인 부분인데, 가슴 절개선과 가로 덮개 앞부분 단추, 지퍼의 모양이 많이 다르기 때문에 두 디자인은 서로 유사하지 않다, 즉 침해가 아니라고 결론을 내렸다. 얼핏 보기에 비슷하다고 무조건 침해는 아닌 셈이다.

유사 판단과 별개로 디자인권의 행사에 주의할 점이 하나 있다. 바로 의류 분야처럼 유행이 순식간에 지나가는 물건들은 등록을 받아도 침해자들이 게릴라처럼 치고 빠진다는 문제가 있다는 것이다. 디자인 출원을 해서 등록받을 때까지 너무 오래 걸리기도 하고, 등록받아 공개된 것을 누가 베껴서 순식간에 제조하면 손쓸 도리가 없다고 한다. 등록이 오래 걸리는 것은 우선심사를 신청해서 기간을 단축할 방법이 있다. 그런데 비밀리에 준비하던 디자인이 예상보다 빨리 등록되어 아직 생산할 준비가 되어 있지 않다면? 등록된 후 3년까지는 출원한 디자인을 비밀로 할 수 있는 비밀디자인 제도가 있으니 적절히 활용하기를 바란다. 비밀디자인으로 하는 기간은 공장이나 기계 등 생산 준비가 되는 상황을 보아가며 단축하거나 연장할 수도 있다. 다만 비밀디자인은 침해금지를 법원에 청구하려면 사전에 특허청에서 증명서류를 발급받아서 '당신이 내 등록디자인을 침해하고 있습니다.'라는 경고를 먼저 해야 하고, 손해배상을 받아내려면 침해자의 과실[22]도 디자인권자가 입증해야 하는 부담이 있다.

---

22 다른 사람의 고의나 과실이란 것을 입증한다는 것이 쉽겠는가. 공개된 등록디자인이 갖는 과실 추정이라는 효과는 상당히 강력한 것이다.

어느 하나의 권리나 시스템이 다른 것보다 열등한 것은 아니다. 다만 모든 제도와 방법에는 일장일단이 있을 뿐이다. 오히려 디자인권은 침해 적발이나 판단을 할 때 특허와 비교해 보면 장점이 많고, 현실적으로는 건당 변리사 수임료 부담이 작고, 특허와 달리 심사청구료가 없다는 점을 감안하면, 등록할 때까지의 특허청 수수료(관납료)도 저렴하다. 여력이 있고 디자인으로 보호받을 수 있다면 반드시 특허만 고집할 이유는 없다.

특허는 누구나 한 번쯤 들어보지 않은 사람이 없을 만큼 친숙한, 산업재산권의 한 종류다. 2011년부터 7년간 이어진 삼성전자와 애플 사이의 특허 전쟁은 일반인들도 특허제도에 대해 관심을 많이 갖게 되는 계기가 되었다. 국내 언론들은 아무래도 삼성전자의 입장을 상세히 소개한 기사를 많이 내보냈지만, 실제 분쟁의 이면을 들여다보면 어느 한쪽의 주장이 절대적으로 옳다고 보기 힘든 경우가 많다. 서로가 각자 자신들의 입장이 타당하다고 생각하니 합의가 안 되고, 결국 재판을 받겠다고 소송을 하는 것 아닌가. 삼성전자와 애플의 분쟁에서 삼성전자가 제시한 특허는, 무선통신 표준에 관련되어 기술적으로 고도한 것이 많았던 반면, 애플이 반격에 사용한 무기들은 (나중에 일부 국가에서 무효가 되기도 하지만) '밀어서 잠금 해제'라든가, 모서리의 둥근 형태와 같은 디자인권이 주류였다. 특히 디자인권은 3건이나 애플의 강력한 무기로 사용되어 삼성전자를 효과적으로 괴롭혔다. 그러니 반드시 고도하고 어려운 첨단 기술만이 좋은 특허가 되는 것은 아니다. 우크라이나와 러시아의 전쟁에서도 러시아의 값비싼 첨단 탱크를 저렴한 드론과 대전차미사일이 막아내기도 한 것처럼.

이제 실용신안으로 초점을 옮겨보자. 실용신안은 특허와 90% 정도 같다. 상표나 디자인과 달리 기술 사상을 대상으로 하는 것도 특허와 같다. 차이점이라면 특허는 물건뿐 아니라 방법이나 물질, 미생물도 되는 반면, 실용신안은 '물품의 형상, 구조 또는 조합'에 관한 것으로 한정된다(실용신안법 제4조 제1항). 눈에 보이는 물건의 형태만 대상이다. 그리고 다른 차이점은, 특허는 '고도'해야 하는 반면(특허법 제2조 제1호.) 실용신안은 고도할 필요는 없다(실용신안법 제2조 제1호)는 것이다. 그리고 또 다른 차이점으로는 특허가 최대 20년까지 보호받을 수 있는 것과 달리 실용신안은 최대 10년까지 보호받을 수 있다는 것을 들 수 있다.

위 세 가지 주요한 차이점을 빼면 나머지는 그냥 같다고 보면 된다. 특허침해든 실용신안침해든 7년 이하의 징역 또는 1억 원 이하의 벌금에 처하게 된다. 침해자 때문에 내가 물건을 팔지 못하거나 서비스를 하지 못해서 생긴 손해액만큼 배상을 받는 것이지, 실용신안권 침해라고 판사가 손해배상액을 깎아주지 않는다. 물론 특허가 (유지 비용만 낸다면) 더 오래 유지될 수 있으니, 손해를 계산하는 기간이 길어질 수는 있다. 그러나 요새는 유행도 워낙 빨라서 실용신안의 최대 보호기간인 10년이 부족한 경우는 드물다.

문제는 사람들이 막연하게 실용신안은 특허보다 별로라고 인식한다는 것이다. 실용신안은 특허청에 내는 수수료도 저렴한 데다, 같은 기술이라면 상대방이 내 특허를 죽이는 것이 실용신안을 죽이기보다 쉽다. 특허는 비슷한 기술들을 찾아서 그리 '고도'하지 않다고 입증하면 되지만, 실용신안은 고도하지 않아도 무효가 되지 않기 때문이다.

이처럼 실용신안은 특허와 비교해서 결코 뒤지지 않는 좋은 제도다. 다만 실무적으로는 처음부터 실용신안등록출원을 권하지는 않는다. 그보다는 일단 특허로 진행하다가 심사관의 태도를 보고 실용신안으로 갈아타기(법적으로는 '변경출원'이라고 한다)를 하는 경우가 많다. 논리적으로 특허로는 어렵지만, 실용신안으로는 등록이 될 것 같은 정도의 기술이면 실용신안으로 출발해서 바로 등록되면 좋지만. 처음에 특허로 진행하다가 심사관에게 거절되어 실용신안으로 바꾸면 '그래 실용신안이라면 등록시켜 주겠다.'고 할 아이디어가, 처음부터 실용신안으로 출발하면 체감상 특허청의 실용신안 심사도 깐깐해서 아예 등록을 받지 못할지도 모른다는 우려가 있다. 특허에서 실용신안으로의 변경출원은 변리사 수임료가 많이 들지는 않기 때문에 전략적으로 활용할 수 있고, 일본이나 중국으로 출원할 때도 적은 비용으로 빨리 등록받는 수단으로 쓰이기도 한다. 그러니 담당 변리사와 상의하여 실용신안도 전략적으로 고려하는 지혜를 발휘하자.

1. 디자인이 멋진데?

2

특허출원 명세서와
설계가 달라졌어요

사업의 준비 단계에서 특허출원을 마친 초기 창업자의 발명이 실제로 제품이나 서비스로 출시될 때까지 처음에 떠올렸던 아이디어의 내용 그대로 유지되지 않는 일은 꽤 많다. 아이디어는 그대로인데 심사 과정에서 특허청 심사관으로부터 거절이유통지를 받고 등록을 받고자 보정하느라 제품 설계와 특허 내용이 바뀔 수도 있지만, 세상에서 정말 누구도 떠올린 적 없는 아이디어일 것이라고 생각했는데 이미 더 나은 기술이 개발되어서 특허출원에 앞서 초기 아이디어를 개량하면서 바뀔 수도 있다. 나아가 특허 심사 과정에서는 처음 생각한 방향으로 등록은 받았지만, 시제품이나 금형을 만들어 보니 변형이 필요하거나 생산 공정상의 문제로 설계를 바꿔야 하는 일도 다반사다. 이런 일이 벌어지면 어떻게 해야 하는가? 일단 특허를 받는 것이 중요하니 어떻게든 등록만 하면 될 것인가. 여러 가지 방안을 한 번 살펴본다.

(1) 보정과 분할

보정(補正)은 말 그대로 보충하거나 정정하는 것이다. 빠진 부분이 있으면 추가하고 오기나 명백한 잘못이 있으면 수정하는 일이다. 그런데 특허출원의 보정에서 대원칙이 하나 있는데, '최초'의 명세서나 도면에 있는 범위 내에서만 인정된다. 보충할 수 있다고 해서 처음 출원할 때 특허명세서를 아무리 찾아봐도 없던 내용을 내 마음대로 갖다 넣을 수는 없다.[23] 물론 특허명세서의 발명의 설명과 청구범위에 모두 명백하게 쓰여 있어야 하는 것은 아니다. 글로는 적혀 있지 않지만 도면에는 있는 내용이라면, 그 내용을 글로 풀어서 추가하는 보충은 가능하다. 또 청구범위에만 있던 내용을 발명의 설명 부분에 추가한다거나 발명의 설명에만 있던 요소를 청구범위에 추가하는 보정도 된다.[24] 대법원판례에 따르면 특허명세서에 명시적으로 쓰여 있지 않더라도 그 분야의 일반적인 기술자의 상식으로 봐서 명세서에 기재된 것이라고 이해할 정도면 최초 명세서나 도면에 기재된 것이라고 하였다.[25] 그렇지만 이러한 판단은 주관적일 수밖에 없으므로 처음부터 실시할 수 있는 여러 가지 실시 예를 충분히 써서 출원하는 것이 바람직하다.

---

23 상식적으로 생각해보라. 마음대로 추가할 수 있다면 아무렇게나 한 글자만 써서 특허출원 일을 받아놓고 남들의 아이디어를 추후에 베껴서 추가할 수 있다는 것은 말이 되지 않는다.

24 실무상 특허청 심사관의 거절이유통지에 대응할 때 많이 이루어지는 보정 방식이기도 하다.

25 "특허법 제47조 제2항에서 최초로 첨부된 명세서 또는 도면(이하 '최초 명세서 등'이라 한다)에 기재된 사항이란 최초 명세서 등에 명시적으로 기재되어 있는 사항이거나 명시적으로 기재되어 있지 않더라도 그 발명이 속하는 기술 분야에서 통상의 지식을 가진 사람이라면 출원 시의 기술 상식에 비추어 보아 보정된 사항이 최초 명세서 등에 기재되어 있는 것과 마찬가지라고 이해할 수 있는 사항이어야 한다", 대법원 2007. 2. 8. 선고 2005후3130판결 등.

처음부터 풍부하게 가능한 시나리오나 변형을 모두 넣어서 명세서를 작성하고 출원했다면? 중간에 설계가 바뀌더라도 청구항에는 쓰지 않았지만 발명의 설명에 의해서는 뒷받침되는 것이라면, 지금 시제품을 만들었거나 설계를 변경한 것에 맞추어 청구항을 보정하면 된다. 그러므로 특허출원이 끝났다고 관심을 끄고 기다리기보다는 설계변경이 생기면 담당 변리사와 보정을 해야 할 것인지에 대해 상의하도록 하자. 처음 명세서에 기재된 범위 내에서 보정을 한다고 해도, 심사 단계에 따라 보정할 수 있는 범위가 제한되거나 특정한 시기에만 보정을 할 수 있는 경우가 있기 때문이다. 늦으면 늦을수록 쓸 수 있는 방법이 점점 줄어든다. 이가 아파서 치과를 가더라도 빨리 가야 받을 수 있는 옵션이 많지 않은가.

분할은 말 그대로 나누는 것이다. 특허출원도 하나의 출원을 두 개 또는 그 이상으로 나누는 분할출원을 할 수 있다. 분할출원도 독립된 출원이기 때문에 별도의 출원번호도 생기고 출원료나 심사청구료 등 수수료도 다시 낸다. 등록료나 유지를 위한 연차료도 따로 들어간다. 하나의 발명 아이디어가 여러 건의 특허로 늘어나는 것이다. 이러한 분할출원은 기본적으로 보정의 한 가지 방법이다. 그래서 분할출원도 아무 때나 되는 것이 아니라 보정할 수 있는 시기에 분할출원을 할 수 있다. 시제품을 만들다 보니 설계가 좀 바뀌긴 했는데 나중에 원래의 설계도 효용이 있을 것 같다면, 아예 바꾸기보다는 분할출원을 해서 둘 다 일단 특허등록을 받아 두는 것이 바람직하다. 물론 분할출원도 원래 출원의 '최초'의 명세서나 도면에 있던 내용 중에서 나눌 수 있다.

(2) 우선권주장과 추가출원

　앞에서는 설계를 바꿔도 처음에 써서 특허청에 제출한 특허명세서에 그 바뀐 설계 내용이 원래 담겨 있어서 다행이었다. 그렇지만 예상하지 못했던 변경을 해야 할 때가 분명히 생긴다. 새로운 사항이니까 보정으로 어떻게 비벼볼 수가 없는 것이다. 이럴 때는 대표적으로 생각할 수 있는 두 가지, 그리고 자주 쓰이진 않지만 어쩔 수 없이 쓰는 한 가지 옵션이 있다.

　출원을 해놓고 기술개발을 하다 보니 원래 발명의 구성을 바꿔야 할 때가 있다. 예를 들면 금형 전문 업체 사장님이 특정 부분 두께를 안 바꾸면 금형으로 찍어도 사출이 제대로 안 될 거라고 한다. 그래서 좀 바꾸려고 담당 변리사와 상의해보니 원래 특허명세서 내용으로는 도저히 '커버' 할 수 없다는 것을 알게 된다. 또 시제품을 만들어 보려고 하다가 이제야 더 기막힌 개량 방법이 생각났는데, 원래 발명 내용에 뭐를 하나 더 붙이는 아이디어였다. 말로만 하니 무슨 얘긴지 감을 잡기가 어려울 테니 아주 간단한 예로 연필을 들어보자.

　잉크를 찍어 쓰는 펜은 잉크를 넣기도 불편하고 지우기도 어려워서 발명가인 박강민 씨가 나무 '기둥' 사이에 흑연으로 만든 심을 넣은 필기구인 연필을 발명했다고 하자. 박강민 씨는 2021년 10월 1일에 장진규 변리사를 통해 특허출원을 마쳤지만, 아직 심사청구는 하지 않았다. 발명의 설명 내용에는 원형 기둥이라고 되어 있지만 사각이나 육각으로 깎아내는 구성은 전혀 언급하지 않았다. 박강민 씨는 2022년 8월경 서핑을

그림 2-3 기본 연필(좌), 각진 연필(중), 지우개 달린 연필(우)

하면서 파도에 뒹굴다가 '둥글면 연필도 굴러갈 것 같으니 각지게 하면 어떨까?' 하는 생각이 번쩍 들었다. 박강민 씨가 멋쟁이 서퍼인 장진규 변리사에게 물어봐도, 명세서에서 도저히 다각형으로 깎아서 가공하는 점은 전혀 암시도 없어서 보정으로 바꾸는 게 어려울 것 같다고 한다. 한 편 2022년 7월 1일쯤 박원기 씨도 혼자서 연필을 발명했지만, 딱히 사업할 생각은 없고 서핑하는 것이 무척 좋아서 특허출원을 하지 않고 인스타그램을 통해 그 내용을 공개했다.

　　장 변리사가 판단해 보니 박강민 씨 발명의 기본적인 연필 구조도 특허등록 가능성은 있어 보인다. 그러니 아직 1년이 안 됐으니 기둥을 다각형으로 하는 구성을 추가해서 우선권주장출원이란 것을 하자고 권했다. 우선권주장은 처음 출원하고 1년 안에 할 수 있는데, 처음 명세서에 있던 내용은 처음 출원한 날을 기준으로 특허청 심사관이 본다고 했다. 2022년 10월 1일까지만 우선권주장출원을 하면 박원기 씨가 선의로 공개한 내용 때문에 기본 연필 구조가 새롭지 않다고 거절할 수는 없다고 했다. 대신 앞서 2021년 10월 1일에 한 출원은 나중에 취하돼서 없던 것이 되는데, 다행히 심사청구료를 내진 않았던지라 심사청구료를 두 번

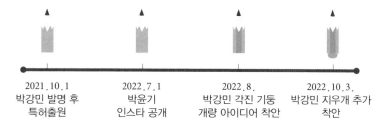

2021.10.1	2022.7.1	2022.8.	2022.10.3.
박강민 발명 후	박윤기	박강민 각진 기둥	박강민 지우개 추가
특허출원	인스타 공개	개량 아이디어 착안	착안

그림 2-4 연필 발명 순서

내진 않게 됐다고 한다.[26] 그리고 우선권주장이란 걸 하면서 새로 한 출원 날짜 기준으로 다각형 기둥은 판단 받게 된다고 했는데, 박원기 씨도 다행히 다각형 기둥은 생각하지 않아서 박원기 씨의 인스타그램 게시물 때문에 거절되진 않을 것으로 보인다.

그런데 박강민 씨는 2022년 10월 3일 개천절 휴일에 연필로 필기하다가 지우개를 자꾸 잃어버려 짜증이 났다. 그래서 연필 뒤에 지우개를 붙이면 좋겠다는 생각이 들었다. 우선권주장이란 것은 1년 안에 해야 하는데, 이미 시간이 늦었다. 하지만 박강민 씨의 특허출원은 처음 출원한 날로부터 1년 6개월 후인 2024년 4월에나 공개될 것이어서 아직 알려지지는 않았다. 그래서 장 변리사와 상의하니 이왕 이렇게 된 것, 지우개 달린 연필을 우선권주장 같은 것 없이 그냥 새로운 특허출원으로 진행하기로 하였다. 박원기 씨도 지우개를 다는 것까지는 당연히 생각하지 못했던 터라, 연필에 지우개를 다는 게 어렵다는 인정만 받으면 박강민 씨는 기본 연필과 지우개 달린 연필의 두 가지 특허를 받을 수 있게 될 것이다.

---

26 정부지원사업 중에 심사청구를 반드시 요구하는 사업이 있는데, 사업 및 특허전략상 옵션을 빼앗는 결과가 되는 것이어서 재고가 요청된다.

이상의 예에서 추가출원을 하는 방법을 설명했다. 우선권주장을 하면서 새로운 출원을 하든, 우선권주장이 없이 하든 별개의 출원이 진행된다. 보정과 달리 새로운 출원번호를 얻는 별도의 출원인 셈이지만, 분할출원과 다른 점은 원래 처음 출원의 명세서에서 갈라진 것이 아니라 없던 내용을 추가하거나 변경하는 방법이라는 것이다. 분할출원이나 새로운 추가출원은 특허출원이 원래 2021년 10월 1일에 했던 것과 별개의 출원이 생기고, 특허등록이 되면 두 건이 된다. 반면 우선권주장출원은 처음에 했던 출원이 2021년 10월 1일로부터 1년 3개월 뒤인 2023년 1월 1일에 저절로 취하되어 없어지고 나중에 한 출원만 남는다. 관리할 특허 출원의 개수가 줄어들어서 탐탁지 않을 수도 있지만, 관리 측면에서는 편할 수 있다. 아무쪼록 각각의 상황에 적합한 방법을 택하여야 할 것이므로, 사업의 진행이나 기술 동향을 감안하여 담당 변리사와 함께 면밀한 검토를 한 후 대응 방안을 선택해야 하겠다.

장 변리사의 제언 5 　외주할 때 유출을 조심하세요

모바일 앱을 통하는 비즈니스 모델이 늘어난 반면 앱 개발을 포함하는 프로그래밍을 단기간에 익히기가 어렵기 때문에 외주 전문기업이나 프리랜서를 통해 사업에 필요한 앱을 만드는 경우가 많다. 사장이 프로그램 개발자 출신이 아니거나 내부에 전문 개발자를 보유할 정도로 규모가 크지 않으면 외주에 의존하는 것은 더더욱 피할 수 없다. 프로그램뿐 아니라 물건의 발명을 기초로 창업하는 초기기업들도 시제품을 만들거나 부품을 조달할 때 외주가 필연적일 것이다. 제조의 중심이 중국으로 옮겨간 이후로는 소규모로 발주하는 금형이나 사출은 국내에서 해결하기가 더더욱 어렵다.

대부분의 외주 전문가나 기업들이 정직하게 발주자와의 신뢰를 기반으로 주문에 따라 업무를 수행하겠지만, 시장에 풀리기 전에 미리 받아본 설계도를 보고 자신들이 먼저 생산에 돌입하거나 특허까지 취득하는 일이 없지도 않으며 그러한 위험성 때문에 불안한 것은 어쩔 수 없다.

가장 좋은 것은 개발이나 제작 외주를 의뢰하기 전에 충실하게 특허나 디자인을 출원해 두고 주문할 때 가능하면 기밀유지협약(NDA)을 맺는 것이다. 기밀유지협약을 따로 맺는 대신 발주계약서의 한 조항으로 삽입하는 것도 방법이다. 업계의 관행상 모바일 메신저나 전화로 주문하는 형편이어서 계약서를 작성하는 것도 곤란하다면 모바일 메신저나 전화의 녹음 기능으로라도 특허·디자인 출원 제품이거나 비밀에 해당함을 알리고 확답을 받아두는 것이 바람직하다.

외주를 활용할 때 갖가지 주의를 요구하더라도 외주 업무를 수주한 당사자가 작정하고 아이디어를 베끼고자 하는 것을 완벽히 막을 수는 없다. 그러나 아예 그러한 조치를 하지 않는 것에 비해서는 법률상으로나 심리적으로 효과가 있을 것이라는 점도 부정할 수는 없잖은가.

3

외부에 나갈 일이 자꾸 생기는데

　　아이템을 구상하다가 본격적으로 사업을 해보기로 결심하고 창업한 지 어느 정도 지나면, 판로를 개척하거나 사업화 자금을 투자받기 위해 백방으로 뛰게 된다. 외부에서 지원을 끌어내려면 내 사업이 얼마나 매력적인지 어필을 하는 방향으로 사업계획서를 작성하거나 담당자를 만나고, 가끔은 투자자들 앞에서 발표(PT)를 할 일이 생긴다. 투자하려는 사람이나 바이어로서는 제품과 서비스가 어떻게 좋은지, 다른 제품과의 차별화가 어느 정도 가능한지 등이 궁금할 터이니 당연히 아이템의 장점을 어필해야 하는데, 그 과정에서 생기는 위험이 만만치 않은 것이 현실이다. 성공적으로 판로를 개척하고 투자를 끌어내기 위해 준비해야 할 것이 무엇인지 하나씩 살펴보기로 하자.

(1) 출원을 먼저 하는 것이

앞서 외주할 때 조심해야 하는 점을 설명할 때도 언급했다시피, 내 아이디어나 브랜드가 외부에 공개되기 전에는 무엇이든 출원이라도 서두르는 것이 원칙이다. 특허·실용신안·디자인·상표를 가릴 것 없이 출원일을 가능한 한 빨리 확보해두어야 조금이나마 안심할 수 있다.

하지만 필자가 보아온 상당수의 초기기업 창업자들에게 출원은 후순위였다. 한참 지나서야 "친한 후배가 제 아이템이랑 거의 똑같이 베껴서 사업을 하고 있더라."라며 하소연을 하지만 십중팔구 딱히 방법이 없다. 모방하는 지인만 좋은 일 시켜준 셈이다. 그렇게 될 수밖에 없는 사정을 이해 하지 못 하는 바는 아니다. 처음에 사업을 시작하면 매장과 사무실 임차부터 비롯해서 거래처 확보와 세무, 인허가에 직원 인사까지 신경 쓸 일이 어디 한 둘인가. 급여 지급, 세금 납부, 거래대금 지급을 미룰 수 없는 데다, 마케팅과 영업, 생산·서비스까지 매일 해야 하는 일들만으로도 너무 벅차다. 바빠 죽겠으니 특허와 상표는 내일, 모레, 다음 주, 다음 달에 해야지 하다가 어느 날 모방 업체가 나타나는 것이 순서다. 여기저기 열심히 다니면서 우리 회사 제품이 이렇게 좋으니 투자해달라고 말해야 하므로 출원까지 신경 쓸 여력이 없다.

하지만 적어도 기술적인 우위를 갖든, 앞으로 브랜드를 키워서 확장할 생각이라면 그래서는 곤란하다. 가능한 한 초기에, 더 바람직하게는 사업을 시작하기 한참 전부터 전문가와 상담하고 지식재산권(IP) 확보를 위해 노력해야 한다. 정말로 사업을 시작해서 너무너무 바빠서 신경 쓰기 어렵게 되기 전에.

(2) 공개피칭인가, 심사위원만 보는가

투자의 세계에는 개인투자조합부터 액셀러레이터, 벤처 캐피털(VC)에 이르기까지 다양한 투자활동 주체들이 있고, 그 숫자도 크게 증가한 것으로 보인다. 벤처투자 촉진에 관한 법률이 시행된 후 1년간 벤처캐피털 신규 설립이 빠르게 늘어 2021년 상반기 기준 전체 VC가 174개이고 벤처투자조합도 1,188개로 꾸준히 늘었다고 한다.[27] 엄마아빠찬스에 친구들·지인찬스가 아니라면, 내가 가진 아이템에 적용되는 기술이 어떤 것이고, 브랜드는 어떤 것을 사용할지를 사업계획서에 반영해서 제시하고, 투자를 위한 심의회에서 발표하고 질문도 받게 된다. 나아가 당장 투자하는 것은 아닐지라도 입주 편의를 제공하거나 보육기업으로 선정되기 위해 같은 과정을 겪을 수도 있다.

그런데 심사위원만 보는 폐쇄공간이 아니라거나, 유튜브 등의 플랫폼을 통해 스트리밍으로 누구나 볼 수 있게 공개되는 발표라면 더욱 조심해야 할 일이 있다. 아직 특허나 상표, 디자인 출원을 마치지 않은 아이템을 함부로 공개해서는 안 된다는 것이다. 필자는, 어느 기관이 공개된 공간에서 향후 사업 아이템을 발표하는 행사를 주기적으로 개최하는 걸 보았다. 누구나 청중으로 참여할 수 있는 공간이기에 극단적으로는 발표 내용을 듣고 있던 청중이, 그 자리에서 발표자가 사용할 브랜드를 바로 상표출원하거나 기술 내용을 파악해서 신속하게 특허출원을 먼저 해버

---

27 박호현, "벤촉법 1년, 신생 VC 큰 폭 증가…'유망 벤처 투자 경쟁 본격화'", 서울경제, 2021. 8. 23., 〈https://www.sedaily.com/NewsVIew/22QAV7DRS0〉, 2021. 10. 6. 최종 방문.

리는, 속칭 알박기를 할 수 있는 상황이었다. 요새는 다수의 행사 및 공모전 주최 측에서 사전에 지식재산권 출원이나 영업비밀등록을 장려하는 등의 조치를 하는 긍정적인 움직임이 늘어서 다행스럽게 생각한다. 그러나 코로나바이러스가 잠잠해지고 다시 열린 공간에서 아이템 발표 행사가 개최된다면 사업 아이템을 공개하기에 앞서 늘 조심해야 할 것이다.

장 변리사의 사례 3 심사위원이 베껴서 창업

전기스쿠터, 속칭 전동킥보드를 이용해 본 적이 있는가? 공유 전동킥보드 서비스를 제공하는 기업이 늘어나다 보니 수도권, 특히 서울 중심부에서는 다양한 서비스 제공 업체들이 경쟁하는 것을 느낄 수 있다. 주식회사 올룰로는 공유 전동킥보드 업체들 중에서 청록색 킥보드와 '킥고잉(kickgoing)' 브랜드로 유명한 곳이다. 그런데 킥고잉의 서비스 회사 올룰로가 자금을 확보하기 위해 투자회사를 방문하자 심사역이 핵심 자료와 데이터를 요구한 뒤 같은 아이템으로 경쟁사를 차린 사례가 있었다.[28] 해당 심사역도 사업 모델을 참고한 사실은 부인하지 않았지만, 회사의 중요한 자료나 데이터를 어느 정도로 참고했는지는 알 길이 없다. 설사 중요한 데이터나 자료를 참고했더라도 그 사실을 입증하는 것은 결코 쉽지 않은 일이다.

VC 업계에서 베끼기 창업이 터부시되는 관행이 있다고 하더라도 올룰로의 사례처럼 실제로 베끼기 창업을 했을 때 제재할 방안은 딱히 없다. 대외적으로 공개된 사업 모델의 개략적인 내용은 애초에 영업비밀에 해당할 수 없겠지만, 영업비밀에 해당하는 내용이라면 심사역이라고 안심해서는 안 된다. 더욱이 심사역이 직접 창업하는 대신 누군가를 내세운다면 더더욱 알 수 없는 일 아니겠는가.

---

28 배태웅·김남영, "'스타트업 카피캣' 넘친다지만…VC 심사역까지 베끼기 창업", 한국경제, 2019. 1. 289., ⟨https://www.hankyung.com/it/article/2019012890641⟩, 2021. 10. 6. 최종 방문.

(3) 언제 공개해도 되나, 어디까지 해도 되나

특허나 실용신안, 상표, 디자인을 출원했다면 그나마 외부에 공개하는 데 따른 부담이 덜하다. 사업을 위해 거래처나 투자자에게, 또는 사전 마케팅 차원에서 공개되어야 할 필요는 있겠지만 출원했다고 무조건 안심할 수만은 없는데, 그 이유를 하나씩 살펴본다.

앞서 특허나 실용신안을 출원하고서 사업을 준비하다가 설계가 바뀔 수 있다고 했다. 그런데 특허출원을 해놓고 "이런 내용으로 특허출원을 했습니다."라고 공개했다고 하자. 나와 비슷한 시기에 제3자가 그 아이디어를 개량한 발명을 했는데, 특허출원을 나보다 먼저 하게 되면 정작 내가 개량발명에 대해서 특허를 받지 못할 뿐 아니라 제3자의 특허를 침해하게 될 수도 있다. 디자인은 어떤가? 의류처럼 유행을 타는 아이템이라면, 아직 공개되지 않은 그 디자인을 카피한 외국인이 외국에서 물건을 만들어서 짧은 시간 내에 국내 유통 업체들에 수출하여 이익을 챙기면 어떻게 할 것인가? 국내 유통업자와 소매점들을 일일이 찾아 법적 조치를 하는 것은 배보다 배꼽이 더 클 것이다. 다만 누군가가 내 아이디어에 해당하는 제품을 벌써 판매하고 있다면, 경고를 위해서 특허청에 출원공개를 요청할 경우도 있을 수 있다.

창작의 영역인 특허·실용신안이나 디자인과 달리 선택의 영역인 상표는 아이디어의 개량이 있는 것이 아니다. 나아가 상표는 출원공개 제도가 아니라 심사관의 심사가 끝난 후에 공고되는 데다, 유사한 상표는 거절되므로 그 상표를 마케팅하고 사용하는 데 맞추어 상표등록출원이 되어 있음을 표시하고 사용하면 된다. 결론적으로 공개는 꼭 필요한 한도에서 사업의 진행과 필요성에 맞추어 진행하는 것이 바람직하다.

사업상 꼭 필요해서 특허나 실용신안, 디자인 출원 내용을 외부에 밝히더라도, 아직 출원이 공개된 것이 아니라면 세부적인 모든 사항을 공개할 필요는 없다. 그 발명이나 창작의 핵심적인 사항이 알려지지 않으면 되므로 사업상 필요한 범위 내에서 최소한도로 공개하는 것이 일반적으로는 바람직한 일이다.

(4) 엎질러진 물 주워담기

누누이 강조하지만, 특허청에 등록을 신청하는 출원이라는 절차를 먼저 하는 것이 가장 중요하고 우선이라고 했다. 기막힌 발명을 해서 사업 아이디어가 샘솟고, 너무 멋진 디자인이 날개 돋친 듯 팔려나갈 것 같아서 인스타그램과 유튜브에 빨리 업로드해서 자랑하고 싶은 마음을 억눌러야 하지만, 사람이 하는 일이다 보니 너무 흥분해서 장 변리사의 조언을 잠시 잊고, 여기저기 공유했을 수도 있다. 그게 아니면 나는 정말 꾹 참고 있었는데 다른 직원이 회사 잘 되게 홍보하겠다고 이미 널리 퍼뜨렸다는데 어쩌겠는가…. 그게 아니라 우리는 그런 적이 없는데, 서로 친하게 지내며 왕래하고 가끔 사업 이야기도 나누던 경쟁자인 옆집 사장이 놀러왔다가 자기가 만든 것처럼 공개할 수도 있고, 나한테 월급 받던 직원인데 어느 날 퇴사를 하더니 내가 만든 걸 훔쳐 가서 자기가 만들어 파는 일도 생길 수 있는 것이다. 작은 가게나 초기 사업체가, 직원들에게 대기업처럼 지문 찍고, 핸드폰 카메라에 스티커 붙이고 근무하게 하고,

컴퓨터 자료를 빼내지 못하게 하는 프로그램까지 구독할 수는 없지 않은가(물론 그렇게 하면 좋다).

　내 잘못이든 누군가가 유출했든 공개가 되었다면 엎질러진 물, 엎질러진 물을 주워 담는 것은 어렵지만 특허, 실용신안이나 디자인에서는 주워 담을 방법이 있다. 이럴 때 방법이 아예 없는 것은 아니다. 모든 일이 그러하듯 깔끔하진 않지만 차선책 또는 최후의 수단이 존재한다. 이유가 무엇이든 일단 공개된 날부터 1년 이내에 빨리 출원하면서, '내 아이디어나 디자인이 공개되었는데 이렇게 공개된 것으로 거절하진 말아주세요.'라고 주장하면 된다. 이것을 특허나 실용신안에서는 공지예외주장, 즉 알려진(공지) 것에 대한 예외를 주장한다고 한다. 그리고 디자인에서는 신규성 상실의 예외, 즉 창작한 디자인이 새로운 것이라는 성질인 신규성이 없어진 것에 대한 예외를 주장한다고 한다. 공지예외주장이나 신규성 상실의 예외는 내가 SNS에 업로드했다는 점을 특허청에 주장해야 한다. 또는 누군가가 내 아이디어를 도둑질해서 공개시켰다고 주장하려면 그 사실관계를 입증해야 한다.

　그런데 공지예외주장이나 신규성 상실의 예외는 부작용이 없을까? 모든 최후의 수단이 그런 것처럼 당연히 부작용이 아예 없을 순 없다. 간단히 끝날 일을 이런 주장과 증명서류 제출까지 해가면서 처리해야 한다는 불편함이 하나 있다. 더구나 외국에 출원할 때는 이런 업무 하나가 늘어날 때마다 외국돈으로 비용이 계속 붙는 것은 당연하다. 단순히 불편하거나 돈이 더 드는 건 어찌할 수 있지만, 내가 공개하고 출원을 미루는 사이에 누군가가 스스로 생각한 아이디어나 창작디자인이 공개된다면?

이건 극복을 할 수 없다. 공지예외주장이나 신규성 상실의 예외는 사유가 어쨌든 내 아이디어나 내 디자인이 공개된 것만 봐주는 것이지, 남이 만든 것까지 봐주는 게 아니다. 그리고 해외에 나갈 때는 나라마다 법이 달라서 외국 특허청에서 이 최후의 수단을 받아주지 않을 가능성이 있다 _(특히 중국). 엎질러진 물을 어느 정도는 주워 담을 수는 있지만 전부 주워 담을 수는 없다.

장 변리사의 제언 6　SNS 공개도 조심

아재들은 페이스북, 2030은 인스타그램이라는 농담을 듣곤 한다. 필자는 40대로 낀 세대인 탓인지 페이스북과 인스타그램을 모두 본다. 개인적 느낌이지만 근래에 소문난 곳들은 인스타그램을 통해 공유되는 비중이 높은 것 같다. 심지어 필자가 상표출원을 대리한 가게 사장님들도, 전화는 안 받아도 인스타그램의 다이렉트 메시지(DM)를 보내면 바로 확인하고 대응해주기도 할 정도다.

가게를 오픈할 준비를 하고 SNS를 통해 미리 관심을 끌기 위해 전략적으로 마케팅을 하는 모습을 응원하지만, 가끔 우려되는 일들도 있어 걱정스럽다. 필자가 걱정하는 것은 두 가지다. 하나는 가게 이름을 누군가가 먼저 상표출원을 해서 등록받은 뒤에 상표권 행사를 해올 위험성이다. 다른 하나는, 팔려고 하는 아이템의 디자인을 누군가가 무단으로 베끼더라도 대응책이 없을 가능성이다.

〈출처: 제주MBC, https://jejumbc.com/article/5lBlL72uiH〉

필자가 거주하는 제주는 과거 돌, 바람, 여자가 많아 삼다도(三多島)라 불리다가 지금은 다소 실망스럽게도 카페, 렌터카, 쓰레기가 많다는 얘기를 듣게 되었다. 항공 편과 관광객 유입이 늘어나니 힙하다는 카페와 음식점이 덩달아 늘었을 것이다. 그런데 가게를 개업할 준비만 하고 있는 도중에 간판을 보고 상표를 선점한 뒤 상표권을 행사하는 사례들이 발생했다. 보도 내용에 따르면 그 상표권자는 수십 개의 상표를 등록한, 속칭 '상표 브로커'로 추정된다고 하였다. 이론적으로는 증거를 모아 상표출원을 하기 전부터 간판을 주문하고 설치하였다는 것을 주장하여 상표권 침해 주장으로부터부터 벗어날 수도 있겠다. 그렇지만 창업 초기의 정신없는 시기에 민형사 절차가 진행되어 불안감을 느끼는 것만으로도 막 개업한 사업주에게는 큰 타격이다. 상황이 이렇다면 그 상표 브로커들이 SNS를 보고 창업 예정인 가게들의 상표를 선점하지 않으리란 보장이 있겠는가.

제품의 디자인도 마찬가지다. 앞서 설명한 것처럼 내가 SNS를 통해 디자인등록출원이나 특허출원에 앞서 내용을 공개한 것은 나중에 어찌어찌해서 극복할 가능성은 있다. 그렇지만 누군가가 내 디자인을 보고 영감을 받아 만든 유사한 디자인이 절찬리에 판매된다면? 억울하지만 어쩔 수 없는 상황이 될 수 있다.

창업의 꿈에 부풀어 가게 이름과 창작한 멋진 디자인을 빨리 알리고 싶은 심정은 충분히 이해한다. 그렇지만 조금만 참고 변리사를 찾아 특허, 상표, 디자인 출원부터 서두르길 바란다.

CHAPTER 03

드디어 출시! 개업!

1

간판, 그릇, 전단지도
주문했고

(1) 거래서류를 잘 챙기세요

모닥치기라는 분식 메뉴를 들어보았는지 모르겠다. 분식을 좋아하는
이들에게는 꽤나 알려진 메뉴가 되었는데, 떡볶이 베이스에 떡, 김밥,
튀김, 전 등을 한 접시에 한꺼번에 모아주는 음식이다.

제주 토박이들의 이야기에 따르면 20년 전부터 모닥치기라는 메뉴를
서귀포 올레 시장 인근의 짱구분식에서 즐겼다고 한다.[29] 그러던 것이 근
래에 이르러서는 제주도 내의 여러 분식점으로 확산되다가, 최근에는 김
포공항이나 서울 등지에서도 종종 찾아볼 수 있는 음식이 되었다. 그런
데 2017년 즈음에 모닥치기라는 상표를 보유한 상표권자가 제주도 내의
분식점들에 일괄적으로 상표침해금지 및 손해배상을 요구하는 경고장

---

29 제주 사투리의 어감을 갖지만 원래 제주어나 제주 사투리에 있던 단어라기보다 해당 음식
   점에서 만든 말이라고 한다.

그림 3-1 **서귀포 짱구분식의 모닥치기와 메뉴판** (사진 제공: 네이버 블로거 헬)

을 발송하면서 문제가 불거졌다.[30] 언론 보도에 따르면 어느 법률사무소의 변호사 명의의 경고장에는 상표사용료와 배상금 명목으로 1천만 원을 입금하라는 내용과 더불어 등록상표로서 가능한 모든 법적 조치를 하겠다는 내용이 기재되어 있었다고 한다.

문제의 상표는 그림 3-2의 상표등록공보에 나온 것처럼 홍 모 씨가 2010년 3월 10일 자로 출원하여 2011년 10월 19일에 등록한 것으로서, 떡볶이 전문식당경영업 등 분식점에 관련된 대부분의 서비스업을 지정서비스업으로 하고 있다. 그렇다면 출원 시기가 2010년 3월인데 그보다 훨씬 전부터 모닥치기를 써 왔던 음식점 입장에서는 억울한 일이 아니겠는가. 백종원 씨의 출연으로 유명해진 덮죽만 해도 다른 사람이 상표를 출원하는 일로 논란이 일긴 했지만, 출원하기 전부터 이미 쓰고 있는 것까

---

30 문준영, "'모닥치기' 팔던 제주 분식점, 하루아침에 날벼락 맞은 사연", 2017. 4. 18., 〈http://www.jejusori.net/news/articleView.html?idxno=189810〉, 2021. 10. 8. 최종 방문.

| (19) 대한민국특허청(KR) | (260) 공고번호 | 41-2011-0075364 |
| (12) 상표공보 | (442) 공고일자 | 2011년10월19일 |

(511) 분류	43(9판)
(210) 출원번호	41-2010-0005806
(220) 출원일자	2010년03월10일

(731) 출원인

홍

제주 제주시 노형동

(740) 대리인

주대원, 박지호

담당심사관 : 전경애

(511) 지정상품/서비스업/업무

제 43 류

떡볶이 전문식당경영업, 간이식당업, 간이음식점업, 관광음식점업, 극장식주점업, 다방업, 레스토랑업, 무도유흥주점업, 바(bar)서비스업, 뷔페식당업, 시양음식점업, 셀프서비스식당업, 스낵바업, 식당체인업, 식품소개업, 음식조리대행업, 음식준비조달업, 일반유흥주점업, 일반음식점업, 일본음식점업, 제과점업, 주점업, 중국음식점업, 카페업, 카페테리아업, 삭테일라운지서비스업, 패스트푸드식당업, 한국식 유흥주점업, 한식점업, 항공기내식제공업, 휴게실업, 관광객숙박알선업, 관광숙박업, 관광여인숙업, 리조트숙박업, 모텔업, 숙박시설안내업, 숙박시설예약업, 여관업, 유스호스텔업, 임시숙박시설알선업, 임시숙박시설예약업, 임시숙박시설임대업, 캠프숙박시설예약업, 콘도미니엄업, 크루즈숙박업, 하숙알선업, 하숙업, 하숙예약업, 호스텔업, 호텔업, 호텔예약업, 회원제 숙박시비운영업, 휴일캠프숙박시비스업, 야영장시설제공업, 야영장장비공급업, 텐트대여업, 방(房)임대업, 이동식가옥임대업, 노인복지시설운영업, 동물수탁관리업, 양로원업, 요리기구대여업, 의자/테이블/테이블린넨/유리식기 임대업, 카펫임대업, 탁아소업, 회의실임대업, 회의실제공업, 떡볶이전문 음식점 프랜차이즈경영업.

그림 3-2 **모닥치기 상표공보**

지 상표침해를 주장할 수 있다는 건 말이 되지 않을 것이고 실제로 상표법에서도 그러한 경우는 상표침해가 아니라고 하고 있다.

이처럼 상표 출원일 '전'부터 먼저 써왔기 때문에 상표를 사용할 권리를 인정받는 것을 '선(先)사용권'이라고 부른다. 그렇다면 출원일보다 먼저 상표를 써온 사실을 증명할 수 있으면, 상표권자의 경고에 어느 정도 대항할 무기는 있는 것이다. 물론 출원일 전에 이미 전국적으로 유명했다면 등록 자체를 무효로 만들 수도 있지만, 여기서는 모닥치기라는 것이 누군가의 상표로서 2010년 3월 이전에 전국적으로 유명했다고 단정할 수가 없다 보니 홍 모 씨가 모닥치기를 상표등록 받은 것이 무효라고

1. 간판, 그릇, 전단지도 주문했고

보기는 쉽지 않다.

어쨌든 2010년 3월 이전부터 모닥치기를 썼다고 증명할 수 있으면 되는데, 여기서 나름의 애로 사항이 입증 방법이다. 홍 모 씨의 위임을 받아 경고를 날린 법률사무소에서는 각종 블로그와 SNS를 통해 증거를 모았을 것으로 보인다. 즉 지금은 수많은 고객이 SNS를 통해 공유하는 내용들이 갖가지 증거로 활용되는 세상이지만, 2010년 3월 이전에는 스마트폰이 흔치 않았다. 국내에 아이폰이 KT를 통해 출시된 때가 2010년 11월 말이었으니 홍 씨가 상표를 출원한 2011년 3월 이전에는 특별히 언론에 보도된 것이 아니라면, 모닥치기를 메뉴판 등에 사용해 온 증거가 많지 않다. 결국 토박이들의 증언에 의존할 수밖에 없게 되는 것이니, 아무래도 번거롭고 불편할 수밖에 없다. 모닥치기와 관련해서는 증언할 사람이 많이 있겠지만, 모든 사건에서 증인을 찾는 것이 쉽지만은 않을 것이기 때문이다. 그러니 간판이나 메뉴판을 2010년 3월 이전에 주문했음을 보여주는 거래서류라도 남아 있다면 입증하기가 훨씬 쉽지 않았겠는가.

모닥치기 사례뿐 아니라 개업을 코앞에 둔 음식점이나 카페의 간판을 보고 상표를 출원하여 등록한 뒤 경고장을 발송하는 사례도 발생하여 해당 문제가 방송에 보도된 적도 있었다. 이럴 경우에도 간판이라든가 식기에 상호를 새겨넣기로 한 시안, 그리고 견적서나 영수증 등의 거래서류들이 있다면 경고장을 보낸 상표권자에게 대항할 무기가 될 것이다. 물론 누누이 말씀드린 것처럼 상표등록을 미리 서두르는 것이 좋긴 하겠지만 그렇게 하지 못했다 하더라도 거래서류들을 잘 챙겨두는 것은 바람직한 일이다.

(2) 미디어 홍보와 광고도 약이 된다

2020년 제주도에 38층 쌍둥이 빌딩이 완공되었다. 아마도 상당 기간 제주도에서 가장 높은 건물일 것이다. 2020년 말에는 호텔과 부대시설이 개장되었고 3~4층에는 복합쇼핑몰이 있다.

3층 쇼핑몰에는 티셔츠 매장, 선글라스 매장, 신발 매장, 음식점들이 입점해 있는데, 2021년에 문제가 불거진 것은 보석 가게였다. 드림타워의 앞 글자인 드림과, 보석류의 영어 표현인 주얼리를 결합하여 드림주얼리라는 상호로 영업을 시작하였는데, 드림타워 인근에서 10년 정도 드림주얼리라는 상호로 영업을 해왔던 곳에서 상호사용금지 가처분신청을 하면서 이 문제가 알려지게 되었다.[31] 아쉽게도 먼저 영업해온 드림주얼리는 상표등록을 해두지 않았기 때문에 드림타워에 입점한 드림주얼리에 상표침해금지를 청구할 수는 없다. 그러니 상법에 따른 상호사용금지나, 부정경쟁방지법에 의한 부정경쟁행위 금지청구를 할 수밖에 없다.

그런데 부정경쟁행위 금지청구를 하려면 국내에 '널리 인식'된 상호라는 점, 그래서 서로 헷갈리는 혼동이 발생할 것이란 점을 입증해야 한다. 그러니까 아주 유명하진 않아도 상당히 알려져 있다는 것은 내가 입증해야 하는데, 판례에 따르면 우리나라 전역은 아니더라도 일정 지역

---

31 김정호, "제주 드림타워 'OO쥬얼리' 골목상권 동일 상호 논란", 제주의 소리, 2021. 8. 19., 〈http://www.jejusori.net/news/articleView.html?idxno=332594〉, 2021. 10. 8. 최종방문.

범위에서 수요자들 사이에 알려져 있어야 한다고 했다.[32] 이러나 저러나 와닿지 않지만 결론적으로는 우리 지역에서 꽤나 이름이 알려진 것을 내가 입증해야 한다는 것이다.

상법에 따른 상호사용금지를 청구하려고 해도 특별히 등기한 경우가 아니라면 상대방이 부정한 목적을 가지고 타인의 영업으로 오인할 수 있는 상호를 사용해서 손해를 입을 것이 우려된다는 점을 입증해야 한다. 부정한 목적이란 대법원에 따르면 일반인으로 하여금 '자기의 영업을 그

---

32   대법원 2012. 5. 9. 선고, 2010도6178 판결 등.

명칭에 의하여 표시된 타인의 영업으로 오인시키려는 의도'를 말한다[33]
고 하는데, 역시나 법원은 속 시원하게 얘기하는 법이 없다. 다만 부정한
목적을 판단하는 데 있어서 상인의 명성이나 신용 등을 포함하는 여러
가지 사정을 종합하여 판단한다고 했다.[34] 나아가 현저하게 알려진 상호
라면 영업의 종류와 관계없이 오인할 가능성이 있다[35]고 하였으니 일단
사람이든 기업이든 유명해지고 볼 일이긴 하다.

이렇게 살펴본 것처럼 일단 명성이 있다는 것은 상표등록을 못 했더
라도 내 상호를 따라 하는 후발주자들을 견제하는 데 도움이 된다. 그런
데 명성이나 현저하게 알려져 있다는 주지성을 어떻게 입증하겠는가?
부정경쟁방지법의 적용과 관련하여 최근 화제가 되었던 것이 해운대 암
소갈비 사건이므로 이를 소개한다. 본디 해운대 암소갈비집은 부산에서
55년간 영업하여 꽤 유명해진 음식점인데, 서울에 같은 이름으로 영업하
는 식당이 생겨나 식당의 분위기나 레시피까지 혼동을 일으킬 정도가 되
었다. 1심에서 원래의 해운대 암소갈비집이 패소했지만 2심에서는 이를
뒤집어 '해운대 암소갈비'가 보호받을 만한 상호라는 인정을 받았는데,
판결문[36]은 다음과 같다.

---

33   대법원 2003. 9. 26. 선고, 2003다12601 판결.

34   대법원 2016. 1. 28. .선고, 2013다76635 판결.

35   대법원 2002. 2. 26. 선고, 2001다73879 판결.

36   서울고등법원 2020. 10. 22. 선고, 2019나2058187 판결.

"이와 같은 <u>언론 기사와 방송 프로그램</u>은 영향력이 큰 언론사·방송사에서 공표·방송된 것일 뿐만 아니라 시청률이나 화제성이 높은 프로그램에서 방송된 것이고…, 이 사건 <u>영업 표지의 재산적 가치를 평가할 때에 매우 긍정적으로 작용할 수 있다.</u>"(밑줄: 필자)

"상품·영업 표지의 재산적 가치는 주지성·저명성을 판단하는 기초 자료인 상품·영업 표지의 사용 기간, 사용 방법, 사용 태양, 사용범위, 매출액, 시장점유율, <u>광고·선전의 방법·횟수·기간</u>, 수상 내역, <u>언론 보도 내역</u>, 거래 실적 등을 종합하여…"(밑줄: 필자)

위의 박스와 같이 제시함으로써 미디어 홍보와 광고의 영향력을 높이 평가하고 있다. 나아가 인터넷이나 SNS 등의 온라인 정보에 대해서도 시대의 변화상을 반영하여 긍정적으로 평가하고 있는데, 온라인 정보의 양과 질도 상품과 영업 표지의 재산적 가치를 평가할 때 필수적인 요소로 반영되어야 하며, 양과 질도 중요한 의미를 갖는다고 하였다. 따라서 온·오프라인을 가릴 것 없이 기회가 있다면 영업에 다소 지장이 있더라도 언론 보도 내용이나 광고 실적도 잘 챙겨두기를 권한다.

2

거절이유통지서?

(1) 상표등록거절

모든 출원이 그렇지만 내가 생각지 못했던 사유로 거절될 수도 있다. 정확한 통계를 찾지 못했지만 그나마 상표를 등록받으려는 초보 사장에게 다행인 점이 있다. 특허는 _(거의) 무조건 심사관이 거절이유를 통지한다고 보면 되는 반면, 상표는 무사통과하는 확률이 특허보다는 꽤나 높다는 것이다.

거절이유가 나왔을 땐 어떻게 해야 할까. 변리사를 대리인으로 선임하였다면 거절이유가 나올 확률도 낮아지기는 하겠지만, 담당 변리사의 의견을 들어 대응하도록 요청하면 된다. 다만 직접 상표출원을 진행하였을 때에는 거절이유의 내용에 따라 향후의 진행 방향도 직접 판단해야 하는데, 지정상품이 불명확하다든가, 상표 견본에 사소한 문제가 있다거나 하는 것들은 거절이유통지서를 참고하여 직접 보정 절차를 진행하면 된다. 특히 특허청의 서비스가 예전보다 향상되어, 심사관이 직접 친절하게, 어떻게 보정하면 될 것이라는 안내까지 상세히 통지서에 적어주기도 하니 도움이 될 것이다.

그러나 실질적인 거절이유, 특히 상표법 제33−34조에 해당하는 사유로 거절이유가 통지되었다면 그 거절이유가 정당한지를 판단하기 위해서는 상표법에 대해 상당히 많이 공부해야 한다. 그런데 상표법 제33조 제1항은 1−7호까지 7개, 제34조 제1항은 1호부터 21호까지 21개의 사유가 적혀 있다. 다시 말해 상표심사관은 나의 상표출원을 거절할 수 있는 28(=7+21)개의 칼을 들고 있는 셈이다. 상표에 대한 지식 없이 그냥 '특허로'에 나온 설명 내용을 보고 직접 서식을 작성해서 상표등록을 받았다면, 28개의 지뢰가 박혀 있는 지뢰밭을 운 좋게 지나친 것이고 드라마 오징어게임에 나온 것처럼 강화유리와 일반유리로 구성된 다리를 28번이나 운 좋게 건너간 것이다.

이 책이 상표법 교과서는 아니기 때문에 상표법의 핵심이나 다름없는 33조와 34조를 모두 설명할 수는 없다. 상표법을 공부하고 싶다면 시중에 나와 있는 교과서를 참고하면 된다. 그럼에도 직접 상표출원을 경험하고자 하는 초보 사장님들을 위해 상표등록출원의 거절에 많이 적용되는 사유를 든다면, 33조 1항 3−4호와 34조 1항 7호 및 35조1항 정도다. 33조 1항 3호는 내 상품이나 서비스가 어떤 것인지 바로 느낄 수 있는, 소위 직감(直感)할 수 있으면 안 된다는 것이다. 예를 들어 신발에 270(270mm 크기)을 상표로 출원하거나 햄에 '훈제'를 쓴다거나, 명품/원조/일품/투플러스 등의 품질표시 등이 있다. 33조 1항 4호는 현저한 지리적 명칭이면 안 된다는 것인데, 예를 들어 백두산/한라산/제주/빛고을/한

밭/광화문이라든가 시·군·구의 명칭 등이다. 또한 제주도 모양의 지도 형태도 현저한 지리적 명칭에 해당할 수 있으며, LA나 뉴욕, Georgia 같은 외국 지명도 해당한다. 세부와 같은 지명은 20년 전쯤이라면 등록받을 수도 있지 않았을까 싶지만, 현재는 한국인들에게 너무나 잘 알려진 관광지가 되어 어려울 것 같다.

34조 1항 7호와 35조 1항은 먼저 출원했거나 등록받은 상표와 표장(마크) 그리고 지정상품이 같거나 비슷하면 안 된다는 것이다. 기본적으로는 상표출원을 하기 전에 가장 많은 심혈을 기울여 선행 상표를 조사하는 과정에서 많이 걸러지지만, 전문가의 검색도 100% 결과를 예단할 수는 없다. 왜냐하면 상표가 유사하다거나 지정상품(서비스업)이 유사하다는 판단이 명확할 수도 있지만 애매한 경우도 있을 수 있고, 그래서 심사관의 판단에 따라 결과가 달라지기 때문이다. 그리고 선행 상표를 검색하는 데도 어느 정도 테크닉이 필요한데, 칭호는 다르지만 관념이 같다든가, 표시는 다르지만 발음이 비슷할 수 있다. 예를 들면 더블드래곤과 쌍용은 칭호가 다르지만, 용 두 마리라는 관념이 같다. 전문가로서도 판단하기가 쉽지 않은 영역이고 내 것보다 먼저 출원되고 등록되어 있는 상표가 워낙 많다 보니, 상표등록 과정에서 가장 험난한 부분이기도 하다.

이처럼 33조와 34조에 의한 거절이유통지는 극복하기가 쉽지 않기 때문에, 선임한 변리사와 면밀히 상의하여 심사관의 거절이유통지의 타당성을 살펴보고, 마케팅과 브랜드전략을 감안하여 대응 방안을 결정해야 한다. 경우에 따라서는 빠른 포기와 동시에 다른 상표등록을 추진하는 것이 바람직할 수 있다.

(2) 특허출원거절

특허출원을 경험해 본 분들은, 거절이유통지서라는 서류를 받는 것이 익숙하고 오히려 너무나 당연⑫한 것으로 알고 있다. 정확한 통계는 없지만, 십중팔구는 확실하게 거절이유를 통지받는다고 생각하면 된다. 그런데 처음 특허제도를 접할 때는 "내 아이디어가 특허가 될 수 없다고?"라며 실망하거나 특허청 심사관을 욕하는 분들이 있다. 그러나 심사관이 거절이유를 통지하지 않고 바로 등록결정을 한다면 오히려 내 특허출원명세서가 잘못된 건 아닌가 하는 생각을 다시 한번 해보아야 한다.[37]

인류가 수천 년간 누적해 온 지식의 양은 어마어마하다. 엄청난 자원을 투입하여 신기술을 연구하는 것이 아닌 한, 내가 생각한 아이디어는 전 세계 어디선가 누군가가 한 번쯤 고려했을 가능성이 높다. 정확히 내 아이디어와 비슷하진 않더라도 이미 알려진 기술들을 어렵지 않게 조합하면 내 아이디어가 도출될 가능성은 여전하다. 글로벌 기업들끼리 특허전쟁을 치를 때 나름 엄선된 특허를 무기로 공격을 해도, 분쟁 과정에서 상당수가 무효가 되어 버리는 것만 보더라도 하늘 아래 새로운 것을 생각해 낼 가능성은 그리 높지 않다. 특허권은 '이 아이디어는 그 누구도 생각할 수 없는 대박 아이디어라서 특허가 될 수 있고 저건 쉬우니까 특허가 안 된다.'라는, 칼로 무 자르듯 판단하는 것이라기보다는 '이 아이

---

37 자연법칙에 위배되는 것이다 보니 오히려 거절할 만한 선행 문헌이 없어서 바로 등록되는 경우도 있었지만, 언젠가 무효가 될 수 있는 불안정한 상태로 남게 된다. 가끔 영구기관 같은 것이 등록되어 사기 아이디어로 투자자를 모집하여 문제가 된 사례가 있기는 하지만 극히 예외적으로 발생한 오류다.

디어가 앞선 기술들에 대비해서 그럭저럭 어렵다고 인정될 가능성이 몇 % 정도 되고, 그래서 등록받은 후 칼을 휘두를 때 상대방의 역공에 칼이 부러지지 않고 버텨낼 가능성은 몇 % 정도일 것이다.'라고 생각해야 한다. 아무리 공들인 핵미사일이나 한 발에 수십억짜리 미사일도 불발탄이 있지 않은가. 그러니 내가 발명한 아이디어도 특허가 될지, 또 경쟁자의 공격을 버텨낼지를 예스와 노로 판단할 수는 없다. 나아가 특허의 등록 과정에서 거절이유통지를 기초로 내가 받으려는 특허의 범위를 적절한 수준으로 해서 심사관과 줄다리기하는 과정은 특허를 만들어가는 과정이라고 보아야 한다. 그래서 '무조건 특허등록을 보장한다.'는 이야기를 들으면 '아, 등록특허가 있다고 자랑은 할 수 있지만, 특허권은 써먹지 못하는 특허를 받게 해준다는 것이구나!'라고 생각하면 된다.

이처럼 특허출원은 거절이유통지를 받는 것도 내 특허를 아름답게 만들어가는 과정이기 때문에 처음 발명 상담을 해서 명세서를 작성할 때와 마찬가지로 관심을 가질 필요가 있다. 그래서 변리사 업무를 할 것이 아닌 이상 거절이유통지 이후의 절차나 구체적인 의견서 작성에 대해서 직접 공부할 필요는 없더라도, 거절이유통지에 대해 선임된 변리사와 어떤 관점을 가지고 대화해야 할지를 이하에서 살펴본다.

심사관도, 변리사도 틀릴 수 있다

특허청의 거절이유통지가 옛날보다 매우 친절해졌다. 심사관에 따라 스타일이 조금씩 다르기는 하지만 내 발명과, 선행 기술로 인용하는 인용발명들의 구성 요소들을 표로 대비해서 보여주기도 하고, 어떤 부분이 비슷하고 어떤 부분이 차이가 있다는 점도 상세히 설명해준다. 또한 어떤 부분은 오기로 보이니 어떻게 보정하면 좋겠다는 친절을 베풀기도 한다.

그런데 심사관도 인간이고 또 세상의 모든 기술을 완벽하게 파악할 수만은 없다 보니 심사관도 잘못을 할 수 있다. 그리고 나의 특허출원을 담당해 준 변리사도 거절이유통지에 대응하는 과정에서 잘못할 수 있다. 필자가 경험했던 사례들 중 심사관의 명백한 오판을 소개하면 다음과 같다.

선행 기술이라고 했는데 발행된 날짜를 확인해보니 내가 출원한 날짜, 아니면 우선일보다 더 늦게 공개된 경우가 있을 수 있다. 선행 기술이 아니라 후행 기술인 셈이다. 또한 심사관이 A가 공개되어 있다고 했는데 얼핏 보면 도면이 A 같지만, 실제 내용을 뜯어보면 전혀 다른 B일 경우도 있다. 통신기술과 관련해서 프랑스 특허공보를 인용하면서 거절이유를 통지했는데, 그림은 비슷했지만 프랑스어를 번역하여 대조해보니 프랑스 특허의 도면은 전혀 다른 내용이라서 명세서를 보정하지 않고 의견서만으로 반박한 적이 있다. 그러므로 '변리사가 모든 것을 알아서 해주겠지' 하고 생각하기보다, 의견제출통지서를 받으면 관심을 가지고, 의견을 적극적으로 제시하는 것이 바람직하다.

 보정서와 의견서

예외적으로 심사관이 명백한 실수를 했을 경우가 아니라면, 그다음에는 거절이유통지서에 적힌 심사관의 논리가 타당한지 따져보아야 한다. 심사관이 제시한 인용 문헌의 구성 요소들이 내 발명과 매칭이 정확히 되지 않는다거나, 심사관이 여러 개의 선행 문헌을 결합해서 내 발명과 비교했는데, 그 결합이 부당하다거나 할 수 있다. 그 자체로 따져볼 만하다고 생각하면 보정 없이 의견서를 통해 심사관의 거절이유통지에 대응하여 반박해볼 수 있다.

하지만 심사관의 논리가 타당하다면 내가 어찌 생각하든 의견서를 제출해도 결과가 바뀌기를 기대하기는 어렵다. 그래서 내 발명과 인용발명, 또는 인용발명들의 조합과 차별화할 수 있을 만한 것이 없는지, 명세서에 기재된 발명의 설명이나 도면을 살펴보고 그에 맞추어 청구범위를 보정하는 보정서를 의견서와 함께 제출하여 거절이유를 극복하려고 해야 한다.

이때 가장 신경을 써야 할 것은 확실한 등록을 빨리 할 것인지, 양보할 수 없는 마지노선을 두고 최대한 내 특허권의 범위를 넓게 확보할 것인지를 정해야 한다는 점이다. 등록이 중요하다면 특허 범위가 좀 줄어드는 것을 감수하더라도 여러 가지 구성 요소를 많이 붙이는 보정서를 제출하게 된다. 반대로 특허권을 최대한 넓게 확보하려면, 거절결정서를 받는 것을 감수하더라도 보정을 하지 않거나 보정 내용을 최소한으로 추진하는 것이다.[38]

---

38 변리사를 등록률로 판단하려는 경향도 있지만, 기술 분야나 고객의 기술 수준이 모두 다를 것이다. 또한 고객 성향에 따라 거절결정을 감수하더라도 공격적으로 특허출원을 진행하는 곳들도 있다. 감기 치료와 신경외과 수술의 성공률을 단순 비교할 수 없는 것과 마찬가지다.

담당 심사관과의 면담 및 전화 통화

심사관과의 의견 교환은 대부분 의견서와 보정서를 통한 서면으로 이루어지지만, 글로만 설명하기가 쉽지 않을 수 있다. 또 실물을 직접 보여주면 심사관이 내 발명을 이해하고 심사하는 데 도움을 줄 수 있다. 대리인으로 선임한 변리사를 통할 때는 대전 특허청에 다녀오는 출장비와 기타 실비에 대한 부담이 발생하기는 하지만 거절결정을 한 후 재심사나 심판을 거치지 않고 더 좋은 특허로 등록받을 수 있다면 고려해볼 만한 투자인 셈이다.

직접 면담까지는 아니더라도 간단한 사안이라면 전화를 통해 심사관에게 질문하거나 의견을 제시할 수 있다. 심사관이 의견제출통지서에서 제시하지 않았던, 등록을 위한 팁을 주는 경우도 있다. 다만 각각의 성향이 다르고 예고 없이 전화하는 것을 선호하지 않을 수 있기 때문에, 사전에 이메일로 용건을 전달한 후 통화하는 것도 생각해볼 수 있을 것이다.

 포기도 나쁘지 않다

'존버'하면 언젠가는 승리한다는 이야기를 농담조로 하기도 하지만, 사실 신속한 포기도 답이 될 때가 있지 않은가. 거절이유와 특허명세서를 아무리 연구해봐도 가망이 보이지 않는다면, 차라리 그 아이디어의 특허등록을 포기하는 대신, 재심사나 심판·소송에 투입할 자원을 다른 특허출원에 투입하는 것이 효과적일 것이다.

특허가 거절된다고 해서 반드시 나쁜 점만 있다고 볼 수는 없다. 첫째, 거절이유가 발명의 미완성이라든가 자연법칙 위배 같은 것이 아니라 신규성·진보성처럼 앞서 나온 기술에 비해서 크게 어렵지 않다는 이유라면, 그 앞서 나온 기술을 심사관이 열심히 찾아주었다는 셈이다. 만일 그 앞서 나온 기술이 아직까지 등록되어 있는 특허라면, 내가 사업을 하는 데 있어서 조심해야 할 특허를 알게 된 것이다. 심사관이 대충 몇 건 검색해보고 적당히 거절이유를 통지한 것이 아니라 진짜 내 아이디어와 유사한 특허를 찾았다면, 같은 심사청구료를 받고 열심히 일해준 셈이다. 앞서 나온 기술을 가지고 먼저 연구한 기업과 발명자에 대한 정보를 얻을 수 있고, 그 발명자를 스카우트한다거나 그 특허를 매입하는 전략도 고려해볼 수 있다.

심사관의 판단이 틀릴 수도 있고, 그래서 불복해서 심판을 청구했을 때 특허심판원에서는 내 손을 들어줄 수도 있다. 그렇지만 심사관의 거절이유가 타당하고 선행 기술을 극복하기가 어렵다면, 나만의 울타리에 갇혀 심사관이 틀렸다고 고집하기보다는 그 특허 건의 등록은 포기하고, 대신 플랜 B에 착수하는 것도 고려해볼 만하다.

3

저놈들이
베끼려는 것 같아요!

(1) 아직 심사 결과가 안 나왔는데

살다 보면 내가 원하는 시기에 모든 일이 딱 맞아떨어지기가 쉽지 않다. 제품은 출시되어 가고 있는데 아직 등록 소식은 없고, '특허로'에 가서 조회해보면 내 출원을 배정받은 담당 심사관의 심사 대기 순번은 줄어들지 않는다. 곧 간판도 달고 영업도 시작하고 앱마켓에도 올라가야 하는 데 특허, 상표, 디자인 등록만 늦어지고 있어 초조하다.

하지만 세상사 그러하듯 방법은 늘 있기 마련이다. 심사관은 심사를 청구하거나 출원한 순서에 의해 심사를 진행하지만, '급행료'에 해당하는 비용을 지급하고 우선심사를 신청하는 방법이 있다. 우선심사를 신청하려면 우선심사 신청료, 변리사를 선임했을 경우 변리사 수임료가 필요한 데다 우선심사를 받으려는 사유에 따라서는 외부 기관의 조사 비용이 든다. 특허청에 납부하는 우선심사 신청료는 특허 20만 원, 실용신안 10만 원, 디자인 7만 원, 상표는 하나의 류당 16만 원이다. 다행히 상표출원 시 지정상품이 20개가 넘으면 하나의 류에서도 추가 비용이 있지만, 우선심사 신청료가 늘어나진 않는다.

특허의 경우 우선심사를 신청할 수 있는 사유는 매우 다양하다. 출원 공개된 이후에 제3자가 실시하고 있는 사정, 방위산업 분야, 녹색기술, 수출 촉진, 인공지능이나 IOT 관련 기술, 벤처기업이나 기술혁신형 중소기업의 출원, 65세 이상 고령자, 재난안전제품이나 의료방역물품 등이 있다. 또한 특허출원인이 직접 발명을 실시(자기 실시)하고 있거나 준비 중인 경우에도 우선심사를 신청할 수 있다. 우선심사를 문의하면 관행적으로 외부 전문 기관에 선행 기술 조사를 의뢰하도록 안내하는 경우가 있다. 객관적으로 공장 설립을 위한 계약과 설비 도입이 이루어지고 있다거나 하는 것을 입증할 서류가 있다면, 굳이 추가 비용이 드는 외부 전문 기관에 의한 선행 기술 조사를 할 필요가 없으므로 이를 생략하고 자기 실시를 고려해보기를 권한다.

디자인도 특허와 우선심사를 신청할 수 있는 사유는 대체로 유사하다. 그러나 상표는 우선심사 신청 사유가 특허 · 디자인과 다소 차이가 있다. 제3자가 사용하고 있다는 사정이나 (역시 추가 비용이 드는) 전문 기관에 선행 상표의 조사를 의뢰한 경우는 상표법에서도 우선심사 사유로 인정되지만, 특정한 기술 분야에 속한다거나 출원인이 벤처기업 또는 기술혁신형 중소기업이라는 사유로 우선심사를 신청할 수는 없다. 한편 상표에서도 출원인이 상표를 사용하거나 사용할 준비를 하고 있으면 우선심사를 신청할 수 있지만, 이때 주의할 점은 지정상품 전부에 사용(준비)하여야 인정된다는 것이다. 상표출원을 할 때 통상 아직 사용하지 않는 상품이나 서비스업을 향후의 확장에 대비해서 지정상품에 추가하는 일이 많은데, 이런 경우에는 자기 사용을 이유로 우선심사를 신청하기가 곤란하다. 그래서 상표에 대해 우선심사를 받으려면 현실적으로 외부 전문기관에 의한 선행 상표 조사를 의뢰해야 할 가능성이 높아지게 된다.

어찌 됐든 우선심사 신청을 해서 우선심사 신청 대상이 아닌 것으로 판명되면, 특허청에 납부한 우선심사 수수료는 일부를 공제한 후 반환받을 수 있다. 아울러 사업 개시 후 3년 이내의 중소기업이라면 특허출원의 우선심사 신청료의 70%를 감면받을 수 있으니 잘 챙기기 바란다.[39]

(2) 출원이 끝이 아니다

앞서 특허 비용이나 상표 비용도 출원할 때 끝이 아니라고 했다. 거절이유 통지에 대한 대응에서부터 등록하는 비용까지 내 무기인 권리를 만드는 데도 돈이 들지만, 내 권리를 행사할 때도 변리사의 감정서나 민사소송을 할 때 변호사 수임료까지 전쟁하는 비용이 또 들어가는 것은 앞에서 살펴본 바와 같다. 단지 비용만 문제일까. 무기를 만들 때도 내가 신경을 쓰고 관심을 얼마나 갖느냐에 따라 내 아이디어와 디자인, 상표가 가진 창작성의 범위 내에서 최적의 성능을 갖고 태어날지 아니면 그 한계까지 가보지 못하고 더 후진 권리가 될지 정해진다.

자동차 정비를 맡길 때도 내가 좀 알고 구체적으로 고장 내용과 수리

---

39 2024년 12월 31일까지 한시적으로 적용되는 규정이지만 연장될 가능성도 있으니 추후 지켜볼 일이다.

방향을 제시하는 것과 그냥 맡기는 것의 차이가 있지 않은가? 여태까지 그냥 알아서 하도록 맡겨왔을지라도 이제는 좀 알고 얘기해보자. 시시콜콜 건수를 찾아서 대리인인 변리사를 괴롭히라는 것이 아니다. 출원 후의 대응 과정에서 변리사가 출원인의 의견을 물어올 때 귀찮으니 '그냥 알아서 해주세요'와 같이 말할 것이 아니라, 적절히 의견을 제시하고 협의하라는 것이다. 대충 빨리 등록시켜서 성사금만 받으려는 브로커가 아닌, 필자가 알고 있는 다수의 변리사는 출원인의 이익에 가장 부합하도록 대응하려는데, 출원인이나 발명자가 연락을 늦게 해서 속이 타는 사람들이다.

 ## 상표출원 후 일어날 일

특허나 실용신안처럼 상표는 출원을 강제로 공개하지 않는다. 대신 심사관이 심사해보니 이 정도면 등록을 해줘도 될 것 같은데 싶으면 출원공고를 하게 된다. 출원공고가 이루어지면 키프리스 사이트를 통해 온 세상에 내가 진행한 상표출원 내용이 알려지게 된다. 이때부터 두 달 동안에는 누구나 출원 서류들을 열람할 수도 있고 상표에 거절이유가 있다는 이유로 특허청에 이의신청을 할 수도 있다. 그러니까 심사관은 OK를 했는데 '혹시 이의 있으신 분?' 하고 2개월간 신청을 받는 기간인 셈이다. 이 기간에 이의신청이 없으면 심사관이 등록결정을 하여 등록결정서를 보낼 것이고, 등록료를 내면 비로소 온전히 상표권을 등록받을 수 있겠다. 그렇지만 누군가가 이의신청을 하게 되면 세 명의 심사관으로 구성된 합의체가 이의신청이 타당한지 살펴보고 결정하게 되는 것이다. 또한 이의신청 기간이 지났더라도, 상표등록이 처음부터 무효라며 무효심판을 청구하거나, 내가 상표를 잘못 사용하거나 사용하지 않았다는 이유로 취소심판을 청구하는 사람이 나타날 수 있다. 거의 모든 상표출원인은 다른 사람의 눈에 띄지 않고 무탈하게 등록되어 꾸준히 존속하기를 바란다. 하지만 이의신청이나 심판청구가 들어오면 담당 변리사와 상의하여 착실히 대응하여야 한다.

 ### 특허출원 후 일어날 일

특허출원은 거절이유통지서를 거의 무조건 받는다고 생각해야 한다고 앞에서 얘기했다. 거절이유통지서에 적힌 이유를 두고 심사관, 필요하면 심판관이나 법원에서 줄다리기를 하는 절차처럼 나와 특허청(심사관이나 심판관도 모두 특허청 소속이다)과의 관계만이 아니라, 제3자가 내 발명을 보고 공격해올 수도 있다.

특허나 실용신안은 출원하고 나면 1년 6개월, 즉 18개월 뒤면 그 내용이 강제로 공개된다. 등록 직전에야 공개되는 상표나 디자인과는 결이 조금 다르다. 특허(실용신안이나 디자인도 마찬가지로)는 누구든지 정보 제공을 해서 등록에 태클을 걸 수가 있는데[40] 출원이 공개되어야만 정보 제공으로 태클을 걸 수 있는 것은 아니지만[41], 내부자가 아닌 이상 출원 사실이

---

40 특허나 실용신안은 특허청장에게만 정보제공을 할 수 있는 반면 디자인보호법에서는 심판원장에게도 할 수 있는 차이가 있다. 특허는 심판단계에서 당사자의 방어권 보장에, 디자인은 심사의 완전성을 중시하는 공익에 주안점을 두는 셈이다..

41 2006년 10월 1일 전에는 출원공개가 되어야 정보 제공이 가능했지만, 출원공개 전에도 가능하게 된 지가 오래되었다.

나 출원번호를 알 수 없으니 실질적으로는 출원공개가 하이에나들을 부르는 트리거인 셈이다.

출원하면 알아서 심사해주는 상표나 디자인과 다르게 특허(실용신안)는 심사청구를 해야 심사관이 배정되어 심사를 한다. 그리고 출원하고 나서 3년 이내에 심사청구를 해야 출원이 취하되지 않는다. 그것도 예전엔 5년이었다가 외국과 보조를 맞추어 3년으로 줄인 것이지만, 그럼에도 누군가 특히 경쟁자라면 내 특허의 권리영역이 어디까지 확정될지 궁금할 수 있다. 그럴 때는 그 경쟁자가 자기 돈을 들여 심사청구를 할 때가 있다.[42] 내 돈을 안 쓰고 심사받을 수 있는 건 좋지만 경영전략상 미루고 있었다거나, 기술 트렌드 변화를 봐가면서 최적의 청구항으로 천천히 최적화하는 보정[43]을 하려던 특허전략에 차질이 생길 수 있다. 그럴 땐 "네가 뭔데 왜 남의 출원을 심사청구를 해!"라고 따지고 싶지만, 법으로 보장된 권리이니 화를 내기보다는, 과연 심사청구를 한 제3자가 누구인지를 파악하여 향후의 대책을 고민해야 할 때다. 어찌 보면 이 특허가 잘 등록받으면 누군가는 피를 보겠구나라는 긍정적인 생각을 해볼 수 있겠다.

지리한 공방을 거쳐 특허등록까지 받아도 6개월간은 안심할 수 없다. 무효심판은 이해관계가 있는 사람이 청구할 수 있지만, 등록이 공고

---

42 제3자에 의한 심사청구가 드문 일은 아니다. 물론 정보 제공도 마찬가지지만 심사청구할 때 직접 경쟁자 자신의 이름으로 하기보다는 거래하는 특허법인의 직원 명의나 직원 가족의 명의 등을 빌리기도 한다. 혹시나 어떠한 경로로 자신이 노출될 것을 우려하는 조치라고 생각된다.

43 업계 속어로 '청구항 마사지'라고도 부른다.

되고 나서 6개월간은 누구나 그 특허를 취소해달라는 태클을 걸 수 있기 때문이다.[44] 누군가가 내 발명을 모니터링하면서 비용을 들여서까지 다툰다는 것은 그만큼 관심을 갖는 경쟁자가 있음을 의미하는 것이니 기분 나쁠 일은 아니다. 그렇지만 등록 잘 받아놓고 특허의 위력이 줄어드는 일을 막으려면 방심하지 말고 차분하게 또한 전략적으로 대응하는 것이 좋겠다.

 WATCH!!

필자가 근무했던 모 특허법인의 고객 중에는 영국 축구 프리미어리그의 명문구단인 맨체스터 유나이티드가 있었다. 국내에서 맨유로도 널리 알려진 그 고객은 당연히 셔츠나 양말 같은 의류뿐 아니라 비누나 향료, 화장품, 스마트카드, 면도기, 칼, 냄비 등등 다양한 상품에 대해 맨체스터 유나이티드 상표를 국내에서도 등록하였다. 2007년 6월 박지성 선수가 소속되었던 맨유의 내한 경기가 결정되면서, 맨유로부터 동대문 시장과 같은 주요 거점을 돌며 위조 상품이 팔리는지 감시하라는 Watch 요청을 받았다(당연히 비용을 지급한다). 내한 경기가 있으니 박지성 티셔츠를 비롯한 자사 상품 매출이 늘어날 것이고 모조품도 그만큼 늘어날 것을 대비하는 조치였던 것이다.

---

44 2017년 2월 28일까지는 등록 후에 무효심판을 통해 다툴 수밖에 없었지만, 2017년 3월부터는 특허취소신청제도가 도입되었다. 과거 특허도 상표처럼 이의신청제도를 운용하다가 무효심판제도로 통합했으나, 무효심판이 비용이나 속도 면에서 무리가 있고 심판원 업무가 과중된 탓인지, 무효심판과 이의신청을 하이브리드로 섞은 듯한 취소신청제도로 변경되었다.

필자의 변리사시험 합격 동기인 티앤씨특허법률사무소의 장영태 변리사의 고객 중에는 쌀을 지정상품으로 하여 등록상표를 가진 고객이 있었는데, 개인이 보유한 상표를 제3자에게 라이선싱하고 있었다. 액수를 떠나 꾸준히 로열티를 받는 상표를 가진 데다, 농업에 종사하여 매일 새벽에 일어나는 분이다 보니 일어나자마자 키프리스(KIPRIS) 사이트에서 자기가 가진 상표와 유사한 것이 출원 공고되는지 감시하는 것이 일과라고 했던 사례가 기억난다.

세계적인 축구팀이든, 자기 일을 가진 개인이든 공통적인 것은 누가 알아서 내 상표나 특허침해를 감시해주고 알아서 처리해주겠지라고 생각하지 않았다는 것이다. 사회주의 국가에서조차 알아서 특허나 상표침해를 나라에서 감시해서 손해배상까지 받아준다는 이야기를 들어본 적이 없다. 내 권리는 내가 챙겨야 하는 것이지, 가만히 있으면 가마니가 될 뿐인 것이다. 정말 중요한 발명이고 상표라면 등록을 받고 나서도 꾸준히 관리해야 한다. 그러니 출원만 해놓고 방치해서 될 일은 더더욱 아니다.

이유를 불문하고 거절(拒絶)이 기분 좋을 리는 없다. 거절은 막아서 끊는다는 것이니, 내가 힘들게 짜낸 아이디어와 디자인을 막아서 끊겠다는데, 누가 좋아하겠는가. 그러나 특허청 심사관의 거절이유를 잘 들여다보면 반드시 나쁘게만 생각할 일이 아니다.

특허청 심사관은 내 아이디어와 비슷한, 먼저 세상에 나온 선행 기술이나 디자인을 찾으려 노력한다. 심사관이 대충 심사 건수 실적만 많이 올리려 하기보다 내 특허출원을 보고 열심히 일할수록 내 아이디어나 디자인과 비슷한 것을 많이 찾을 것이다. 너무 쉬운 발명이라서 세상에 이미 비슷한 것들이 널려 있는 경우가 아니라면, 심사관이 시간을 많이 투입한 만큼 내가 했던 것과 더 비슷한 선행 문헌들을 더 많이 찾아 거절할 것이다. 이렇게 깐깐한(?) 심사관을 극복하고 등록을 받는다면, 그 특허는 강하게 단련된 특허가 된다. 이미 심사관이 열심히 찾아본 선행 자료들로부터 생각해낼 수 없는 아이디어란 점을 증명하는 셈이다. 그러니 누군가가 나중에 내 특허를 무효화하려고 해도 쉽지 않은 단단한 특허가 된다.

둘째, 심사관이 찾아준 선행 기술이나 선행디자인 정보가 값진 것일 수 있다. 내가 생각한 아이디어나 디자인을 누군가가 먼저 만들어냈다면, 그것이 어느 회사에서 먼저 준비한 것인지 사업에 참고할 중요한 정보가 될 수 있다. 섣불리 제품을 출시했다가 먼저 준비한 회사의 권리를 침해하게 될 위험을 미리 대비할 수 있는 것이다. 나중에 손해배상을 하기보다 미리 알고 대비할 시간을 벌었다면 그동안 투입한 특허청 관납료나 변리사 수임료가 아까운 것만은 아니다.

셋째, 심사 결과 알게 된 선행 문헌에 있는 아이디어나 디자인이 시장에 나오고 있지 않다면, 그 이유를 생각해 볼 기회를 가질 수 있다. 정말로 시장 트렌드가 바뀌어서 먼저 길을 간 경쟁자가 포기한 것이라면 제품 출시를 다시 생각해볼 수 있을 것이다. 반대로 일시적 자금

난이라든가 다른 이유가 있었고, 그 특허권이나 디자인권이 그냥 놀고 있다면? 나한테 팔라고 제안을 해서 빨리 내가 권리를 가질 방안도 생각할 수 있다.

특허나 디자인을 받으려면 변리사 수임료 외에 특허청에 내는 수수료가 있다. 심지어 디자인이나 상표와 달리 특허나 실용신안은 심사청구료도 따로 낸다. 심사관이 선행 자료를 찾아주는 것은 (비록 우리나라 특허청 수수료가 여러 가지 감면 포함해서 저렴하지만) 내가 지급한 수수료에 대한 대가다. 디자인은 그렇지 않겠지만 특허는 거절이유통지 한 번 없이 등록되면 오히려 이상하게 생각해야 한다. 내 특허가 거절되면 나쁘기만 한 것은 아니다.

(3) 주먹은 쓸 수 없으니 법대로 해볼까

 경고장

　　다른 사람이 나에게 전쟁을 선포할 때도, 내 권리를 침해하는 사람을 상대로 조치를 취하겠다고 선언할 때도, 그 시작은 아마도 경고장일 것이다. 대개 '귀하는 저의 등록특허·상표 제○○호를 침해한 것으로 보이고, 이는 자칫하면 7년 이하의 징역이나 1억원 이하의 벌금에 처해질 수 있는 침해죄에 해당한다. 가능한 한 모든 민형사적 조치를 할 것이며, 그게 싫으면 당장 사용을 중지하고 손해배상으로 천만 원쯤 내시면 봐주겠습니다.'라는 틀을 갖추고 있다.

　　경고장을 써서 3부 출력한 후 우체국에 가서 내용증명을 보내는 것은 상대방이 인지했다는 명분과 증거를 만들기 위함이다. 그래서 꼭 위에 나온 것처럼 무시무시하게 보내지 않고 내 권리 어떤 것을 침해하고 있다는 사실을 잘 전달하도록 작성하면 될 것이지만, 경고장을 받을 상대방의 성향을 알 수 있다면 거기 맞춰 온화하게 할지 강경하게 할지 선택해도 좋겠다.

　　경고장을 보내고 나면 상대방의 반응은 나의 관심이 사그라들기를 바라면서 답이 없는 묵묵부답형, (가장 땡큐지만) '죄송하다며 어떻게 해드리면 될까요?' 하고 선처부탁형, '이게 무슨 소리냐! 네 권리야말로 무효가 될 건데 각오하라!'는 결사항전형, 이미 닳고 닳아서 할테면 해보라는 배째라형으로 나뉜다. 상대의 반응에 따라 나의 대응도 달라지겠지만,

내가 경고를 보낸 이유와 권리행사를 통해 얻을 수 있는 경제·비경제적 이익이 권리행사에 들어가는 비용과 노력에 비하여 얼마나 될지를 고려해서 다음 행동을 결정한다. 상대방에게 겁줘서 간판 바꿨으니 담당 변리사에게 지급한 경고장 작성 비용만으로 이미 목적을 달성했다고 생각할 수도 있고, 법률 비용이 얼마가 들든 저 침해자의 싹을 잘라야 한다고 생각해서 모든 조치를 할 수도 있는 것이다.

 ## 민사? 형사? 심판?

침손신부＋침몰양. 요새 변리사 시험을 준비하는 수험생들도 침손신부침몰양을 외우는지 모르겠다. 필자가 수험생이던 시절, 특허침해가 발생하면 특허권자가 취할 수 있는 민사적 조치 네 가지: 침해금지·예방청구(특허법 제126조) / 손해배상청구(특허법 제128조) / 신용회복(특허법 제131조) / 부당이득반환청구(민법 제741조), 그리고 형사적 조치 세 가지: 침해죄(특허법 제225조), 몰수(특허법 제231조), 양벌규정(특허법 제230조)의 앞 글자를 딴 두문자로 수험생들이라면 다들 들어봤을 법한 내용이다. 이론적으로는 저 일곱 가지 조치 콤보를 시전하여, 괘씸한 침해자를 혼내주고 내 손해도 배상받고 해피엔딩으로 끝나는 것이 여전히 모범답안일지는 모르겠다. 그러나 현실이 어디 그러한가.

민사적으로 해결하려면 경고장 받은 상대방이 순순히 잘못을 인정하고 배상액에 대한 협상에 나서야 한다. 그런데 갑자기 간판 다 내리고 돈 내놔라 하면 그렇게 기꺼이 내줄 사람이 어딨는가. 원만하게 합의에 이르지 못하게 되고 상대방도 변리사를 선임하거나 해서 응전의 태세를 갖추게 되면 양쪽 모두에게 기나긴 싸움의 시작이자, 변리사와 변호사 수임료는 계속 들어가게 될 일이다. 물론 승산이 있고 파이가 충분하다면 당연히 비용도 지출하고 싸움도 해야겠지만, 스타트업이나 소상공인 입장에서 큰 싸움을 벌여 얻을 이익은 많지 않으며 정신적으로도 힘든 일이다.

그렇다고 고소를 한다고 해도 수사기관에서 흔쾌히 내 주장을 듣고 상대방을 급습하여 증거를 확보하고 일사천리로 형사절차가 진행될 것으로 예상하기도 어려울 것이다. 일단 특허심판원에서 권리범위확인심판부터 해보고 그 결과를 가져오면 검토해보겠다며 일선 경찰서에서는 움직이지 않는다고 호소하던 뉴스도 기억이 난다. 고소를 진행하기 위해 자료를 준비하고 진술을 하는 것도 소상공인이나 스타트업에 부담을 전혀 주지 않은 것은 아니지만, 다행히 2019년 3월부터 특허청의 산업재산 특별사법경찰이 특허나 디자인까지 확대되면서 도움이 되었을 것으로 기대하고 있다.

잠깐 위에서 권리범위확인심판이라는 제도를 언급했다. 민형사 사법절차는 아니고 특허청에 설치된 특허심판원에서 진행되는 것으로, 행정심판이라서 재판으로 가게 됐을 때 재판부가 심판 결과에 그대로 반영할 의무는 없다. 그렇지만 특허나 상표에 전문성을 갖는 특허심판원에서 권리침해인지를 판정하는 절차이다 보니 아무래도 법원이나 경찰에서도 긍정적으로 참고할 가능성이 높다. 그래서 권리범위확인심판의 결과를 보고 상대방이 불리하다는 판단이 들면 적극적으로 협상 테이블로 나올 계기가 될 수 있기도 하고, 무엇보다 재판에 비해서 비용도 저렴하다는 장점이 있다. 그리고 더 빠르고 저렴한 절차로는 산업재산권분쟁조정위원회에 조정신청을 해서 결과를 받아볼 수도 있다. 다만 심판과 마찬가지로 법원이 그 결과를 따를 필요가 없어서 합의가 안 되면 결국은 재판으로 가게 될 가능성은 있다.

경고장 보내고 바로 고소하고 민사소송을 할지, 권리범위확인심판이나 또는 조정절차를 밟을 것인지는 사업자가 처한 여건이나 경영전략, 권리를 침해하는 것으로 보이는 상대방의 성향과 사정을 두루 고려해서 정해야 한다. 아무쪼록 얼굴 붉힐 일이 없으면 좋겠지만, 싸워야 한다면 가장 합리적인 방안과 전략을 세워 실행하기를 바란다.

우리 동네에서 소송을 못해요

형사사건은 논외로 하고 특허 등에 관한 소송은 특허청에서 이루어지는 심판의 결과인 '심결'에 불복하는 행정소송인 '심결취소소송'과, 특허권 등의 침해에 대해서 민사법원에서 잘잘못을 가리는 침해소송의 트랙으로 나뉘면서도 (실질적인) 2심에서는 특허법원이라는 특수법원을 거쳐 대법원으로 가게 된다. 이러한 소송 트랙을 그림으로 살펴보면 그림 3-4와 같은데, 특허심판원에서의 심결에 대한 사건은 특허법원을 거쳐 대법원으로 가는 것은 예전과 동일하다.

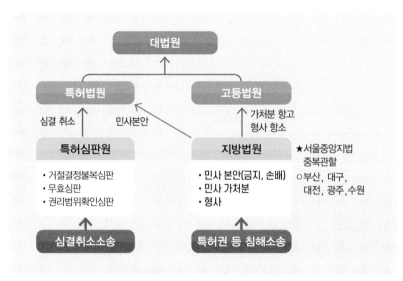

그림 3-4 특허권 등 소송관할제도[45]

　그런데 누군가가 내 특허를 침해하거나, 반대로 내가 누군가의 특허를 침해했다는 이유로 경고장과 답변이 오갔지만, 아쉽게도 합의가 되지 않았다면? "법대로 해, 재판 걸라고!" 해서 민사소송에 이르게 되었다고 하자. 2015년 이전에는 민사사건인 침해소송의 경우 전국 각지의 지방법원과 지원에서 시작했고 다시 고등법원(또는 지방법원 항소부)을 거쳐 대법원으로 가는 체계였다. 기본적으로 민사소송에서는 피고 주소지나 거소지, 법인인 경우 법인의 주된 사무소 소재지에 있는 법원에서 재판을 하게 된다.[46] 그런데 범죄가 일어난 곳이나 피고인의 주소·거소가 관

45　특허법원 웹사이트, 〈https://patent.scourt.go.kr/patent/intro/intro_05/index.html〉, 2021. 10. 27. 최종 방문.

46　이를 보통재판적이라고 한다. 민사소송법 제2조, 제3조 및 제5조 참조.

할권을 갖는 형사사건과 달리 특허침해금지 및 예방청구, 손해배상청구와 같은 민사사건은 피고 주소가 아닌 곳의 법원에서도 재판을 할 수 있도록 다양하게 관할권을 인정한다.[47] 특히 지식재산권에 대해서도 따로 규정을 하고 있는데, 민사소송법에서의 다른 특별한 관할 규정이 재산이 있는 곳이라거나 불법행위가 일어난 곳을 추가로 정한 것과 달리, 2016년부터는 특허권·실용신안권·디자인권·상표권·품종보호권(통틀어 '특허권 등')의 1심 사건은 수원, 부산, 대구, 광주, 대전의 5개 지방법원과 서울중앙법원에서만 재판을 하도록 했다. 그래서 예를 들어 필자와 같이 제주에 살면 광주지방법원, 충청도에 살면 대전지방법원에서 특허권 등에 대한 민사소송을 하게 된다. 다만 대전/대구/부산/광주/수원에서 재판해야 할 사건이라도 서울중앙지방법원에서는 재판을 할 수 있다. 서울중앙지방법원에 중복으로 관할을 인정한 것이라고 하는데, 워낙 특허권 등에 관한 사건이 많고 재판부의 전문성이 있기 때문이다. 그리고 지방에서는 서울로 가는 것이 다른 지방법원으로 가는 것보다 편한 경우가 많아서 서울중앙지방법원이 항상 선택할 수 있다는 것은 도움이 될 것 같다.[48] 그리고 1심 침해소송에서 불복하게 되면, 예전에는 관할 고등법원(또는 지방법원 항소부)에서 2심 재판을 했지만, 현재는 어디서 1심 재판을 했든 대전에 있는 특허법원에서 재판을 하도록 했다. 일단은 특허법원이 특허권 등의 사건에 전문성이 있고, 아울러 같은 특허를 두고 법원끼리 특허가 유효한지 판단이 달라서 재판이 길어지는 등 혼선이 있었기 때문이다.

---

47 보통재판적과 대비되는 개념으로 특별재판적이라고 하며 근무지라든가 재산이 있는 곳 등을 인정한다. 민사소송법 제8조 내지 제24조 참조.

48 필자도 제주에서 광주나 다른 대도시로 가는 것보다 서울로 가는 것이 가장 편리하고 시간도 적게 걸린다.

3. 저놈들이 베끼려는 것 같아요!

정리하면 특허심판원을 거치는 사건은 특허심판원(대전) → 특허법원 → 대법원으로, 민사재판은 [서울중앙 또는 (사는 곳에 따라) 수원/대전/대구/부산/광주 중 한 곳] → 특허법원 → 대법원으로 생각하면 된다.

변리사와 변호사, 누굴 찾아가야 하나

필자가 공공 부문에서 수년간 상담 창구를 운영하면서 맞이하는 분들은 특허나 상표와 같이 특허청을 일단 거치는 권리들뿐 아니라 저작권까지도 궁금해서 찾아오는 분을 많이 보았다. 또 단순 상담이 아니라 특허침해를 중지하라는 경고장을 받았다거나 누군가가 내 특허를 침해하고 있어서 어떻게 해야 할지를 묻는 민원인들도 종종 만나곤 했다.

특허를 받고 싶다고 찾아오면 고민할 필요 없이 변리사를 찾으라고 하면 된다. 그런데 침해 문제인 경우 어디까지 상담을 해주어야 할지[49], 누구를 찾아가 보라고 해야 할지 설명할 것이 많다. 특히 침해소송에 관련하여 변리사가 소송대리인이 될 수 있다는 변리사법을 두고 변호사업계와 변리사업계 간의 대립이 오랜 기간 이어져 온 문제이기도 해서 조심스럽기도 하다. 다만 심결취소소송을 제외하면 민사재판에서 법원이 변리사의 소송대리를 인정하고 있지 않아, 실무적으로는 아이디어의 고도화와 출원부터 담당해왔던 변리사와 민사재판을 대리할 변호사가 팀을

---

49 침해 여부의 판정에 관한 사항은 변리사법에 따른 감정 업무로서 변리사 자격을 가지고 개업 상태로 특허청에 신고등록한 변리사에게 상담하는 것이 정석이다. 대한변리사회 공익상담, 특허청 산하 기관인 지식재산보호원이 운영하는 공익변리사 상담센터나 개업 변리사와 상담하면 된다.

이루어 진행하는 일이 많다.

　정리하면, 평소 특허 등의 출원을 대리해 온 변리사가 있다면, 그 권리의 이력을 잘 알고 있을 그 변리사에게 먼저 연락해 보길 바란다. 법원으로 가기 전에 대리인으로서 상대방과 적당한 협상에 나서 원만한 해결을 도와주거나, 법원에 가야 할 것 같다면, 변호사를 선임하자고 안내해 줄 것이다. 거래관계에 있거나 친한 변리사가 없다면 개업 변리사를 소개받아 상담료를 지급하고 상담을 받는 것이 좋다. 상담료를 지급할 여력이 없다면 대한변리사회의 공익변리서비스, 또는 특허청 산하 기관인 지식재산보호원에서 운영하는 공익변리사 특허상담센터에 연락해 보길 바란다.

공익변리

| 공익변리란? | 공익변리 접수신청 | 공익변리 신청조회 | 자료실 | Q&A |

🏠 HOME > 공익변리란?

공익변리란?

공익변리란? ●

공익변리란?

공익변리는 학생, 기초생활수급자 등의 발명.고안 출원에 대하여 특허법인, 특허법률사무소에서
근무하고 계시는 대한변리사회 회원 변리사를 선임하여 드리는 공익사업으로서, 수임을 맡은 변리사는
특허청을 대상으로 특허.실용신안 등록을 위한 출원에서 등록까지의 절차에 관한 업무를 무보수로
수행합니다.

1978년부터 변리사회가 자체적으로 실시하고 있는 공익변리는 사회적.경제적 약자의 지식재산권 창출
및 보호를 위한 변리사회의 대표적인 변리사 재능기부 사업입니다.

◎ 공익변리 신청

　공익 출원 대리인 선임신청을 위해서는 학생, 기초생활수급자 등 변리사회 공익수임 규정의 신청자격 해당되어야 합니다.
신청자격에 해당하는 분은 공익대리인신청서에 본인이 직접 발명한 내용을 첨부(발명설명서)하여 변리사회에
제출하시면, 구비서류를 완비한 경우 신청접수가 완료되며, 공익변리 지원 적격여부 등의 심사를 거쳐 공익 대리인을
선임합니다.

◎ 공익변리의 대상

1. 학생
   초등~대학의 재학생(초·중등교육법 제2조, 고등교육법 제2조의 규정에 따른 학교의 재학생)
   단, 휴학생, 만 30세 이상의 학생, 대학원생 제외
2. 기초생활수급자
   국민기초생활보장법 제2조 제2호의 규정에 따른 수급자
3. 국가유공자
   국가유공자예우 및 지원에 관한 법률 제4조 및 제5조의 규정에 따른 국가유공자
   * 2021. 5. 24 규정 개정에 따라 국가유공자의 가족은 지원 대상에서 제외
4. 장애인
   장애인복지법 제32조 제1항의 규정에 따라 등록된 장애인
5. 중소기업(법인)
   중소기업기본법 제2조 제2항의 규정에 따른 기업

◎ 공익변리의 범위 등

1. 출원에서 등록까지(단, 특허청 관납료 일체 개인부담 - 출원료, 심사청구료 등)
2. 1인당 1년에 1건만 신청(중소기업: 특허출원 이력이 없는 기업 1건)
3. 학생, 국가유공자, 장애인, 기초생활수급자는 특허·실용신안에, 중소기업은 최초특허출원으로서 특허로 한정
   (디자인, 상표 제외)
4. 학생, 기초생활수급자 등　：출원인·발명자가 동일해야 하며 출원인·발명자를 추가, 변경할 수 없음
   중소기업　　　　　　　　：법인명으로 출원

그림 3-5　대한변리사회 공익변리 안내(https://free.kpaa.or.kr/about.do)

그림 3-6 공익변리사 특허상담센터(https://www.pcc.or.kr/pcc/)

CHAPTER 04

사업이 커 나가고 있어요

1

아이디어와
제품군이 늘어난다

(1) 특허맵과 컨설팅

로드맵이란 말은 많이 들어봤을 것이다. 그런데 특허맵은 들어보았는가? 특허 분야에 종사하는 특허쟁이들에게는 굉장히 익숙한 용어지만, 이 책을 읽는 독자들 다수는 처음 들어보는 단어일 것 같다. 우리나라에서는 특허맵이라는 말을 쓰지만 국제적으로는 특허지형(Patent Landscape)이라고도 불린다.[50]

특허맵은 특허+맵으로 구성된 말이니, 말 그대로 특허에 관한 지도

---

[50] 필자의 경험칙상 외국의 특허 관련 문서들을 보거나 해외 특허 관계자들과 얘기해보면, 특허맵의 직역인 Patent Map보다는 Patent Landscape를 더 많이 접할 수 있었다. 일본에서는 特許マップ와 特許ランドスケープ를 모두 사용하고 있는 것으로 보이는데, 일본 특허청에 따르면 특허지형(Patent Landscape)은 특허맵(Patent Map)이 특허 자체에 초점을 맞추는 것과 달리 경쟁사나 자사, 경영전략 등을 특허정보와 같이 고려하여 시장에서의 위치에 관한 현재 상황과 미래의 전망 등을 나타내는 것이라고 한다. 「特許庁産業財産権制度問題調査研究報告書」, "企業の知財戦略の変化や産業構造変革等に適応した知財人材スキル標準のあり方に関する調査研究報告書", みずほ情報総研株式会社, 平成 29年 2月, 21면.

다. 구체적으로는 나보다 먼저 어떤 특허들이 어떻게 나와 있나를 조사해서 그 정보를 수집하고 동향을 제시하는 특허정보지도라고 할 수 있다. 특허정보지도가 필요한 이유는 회사가 커지고 연구개발에 자원을 더 많이 투입하는 상황이 되었을 때, 이미 누군가가 연구한 내용을 중복해서 연구하는 것이 아닌지, 이 기술에 관하여 누가 어떤 유의할 만한 특허를 보유하고 있는지, 시간에 따른 특허 취득 동향은 어떻게 변하였는지를 살펴볼 수 있기 때문이다.

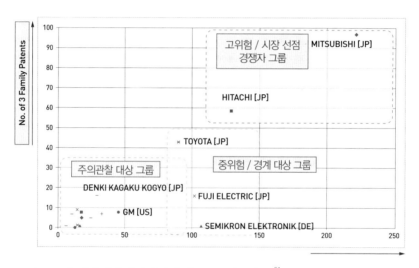

그림 4-1 특허맵 예시(분석 타입별 샘플 보고서 A타입)[51]

그림 4-1에 특허맵을 작성하는 샘플로 e특허나라 사이트에 제시되어 있는 보고서의 일부를 제시하였다. 이 특허맵 샘플에서는 특허분석 결

51 e특허나라 페이지의 베스트 사례 보고서를 다운로드하여 발췌, 〈http://biz.kista.re.kr/ patentmap/front/repo.do?method=m05L#〉, 2021. 11. 4. 최종 방문.

과를 토대로 어떠한 제품에 관하여 시장에서의 경쟁자들의 상황을 시각화하여 제시하고 있다. 즉 기업들이 특허를 출원하고 등록하는 활동을 토대로 데이터를 수집·분석·가공하고 시각화하여 궁극적으로는 연구개발, 나아가 경영에 참고할 수 있는 자료가 도출된 것이다.

"변리사님, 우리는 아직 작은 구멍가게 수준인데 특허맵이 필요할까요?"라고 묻는다면, 필자가 자신 있게 예나 아니오로 당장 답할 수는 없다. 아직 극초기 기업이지만 새로운 시장을 열고자 기술 하나에 모든 것을 걸고 개발에 매진해서 제2의 아마존(Amazon)이나 쿠팡이 되려는 회사와 3호점 정도까지 생각하고 있는 식당 창업자의 입장이 같을 수는 없다. 다만 향후 확장을 생각하고 있고 기술 로드맵을 가져야 하는 창업자라면 회사 운영의 방향성을 정립하기 위해 특허맵의 도움을 받는다거나, 반드시 필요한 경우가 있을 것이다. 또한 내가 직접 기술개발을 하는 입장이 아니라, 다른 기업들과 기술 제휴를 하거나, 위험한 경쟁자의 특허를 회피하고자 할 때도 특허맵을 통해 도움을 받을 수 있다.

특허맵이 이처럼 유용하게 활용될 수 있지만, 초기에 데이터를 수집하고 정리하는 데 많은 시간과 노력이 투입되다 보니, 내가 보고 싶은 범위를 넓힐수록 비용도 늘어날 수밖에 없다. 기본적으로 소규모 특허맵에도 수백만 원 이상이 소요되고, 어느 정도 볼만한 수준이 되려면 2천만 원 이상 들어가기 때문에 초기기업이나 예비창업자로서는 부담스러울 수 있다. 이때 방법은 둘 중 하나다. 결과물이 다소 볼품이 없을지라도 예산에 맞추어 사오백만 원 이하 수준으로 발주하거나, 한국특허전략개발원이나 지역지식재산센터의 지원사업에 선정되어 일부 자기부담금만 부담하는 것을 고려해볼 수 있다. 다만 정부지원사업인 만큼 경쟁률이 만만치 않은 점은 감안해야 한다.

특허맵 외에도 실시자유분석(FTO 분석)[52], 특허등록을 위한 특허성 조사(Patentability Search), 남의 특허를 무효화하고자 선행 기술을 찾는 무효조사(Invalidation Search) 등 다른 이름의 조사와 분석들이 있다. 이들 모두 기본적인 토대로 들어가면 결국 대상이 되는 기술을 특정하고, 그에 맞추어 검색 키워드를 선정하고, 검색식을 확정해서 나온 결과를 검수하는 것으로부터 출발한다. 데이터를 후가공해서 보여주는 방식이 다소 차이가 있지만 결국 핵심은 일맥상통하고, 그 핵심인 기술 특정과 검색범위를 찾는 과정에서는 변리사와 특허맵 등을 의뢰하는 의뢰인 간의 커뮤니케이션과 상호 작용이 핵심이다. 의뢰인의 요구 사항을 듣고 특허맵을 작성하여 연구개발의 방향성, 나아가 경영전략에 대한 솔루션을 제공하는 것이니 특허맵 작성 과정에서 컨설팅이 이루어지는 셈이다.

(2) 특허 포트폴리오 구성

포트폴리오는 원래 서류 가방이나 서류집을 의미하는 말이라고 한다. 예술 분야에서는 심사를 받을 목적으로 가방에 작품을 모아 갖고 다니는 데서 유래했다고 하는데, 지금은 작품 경력을 정리한 자료집이란

---

52 특허침해분석으로 의역하기도 하나 Freedom-To-Operate의 원문에 충실하고자 KOTRA의 해외시장 뉴스 게시물을 참고하여 실시자유분석으로 번역했다. 박다미, "Freedom-to-Operate 분석의 모든 것", 〈https://news.kotra.or.kr/user/globalBbs/kotranews/7/globalBbsDataView.do?setIdx=245&dataIdx=175723〉, 2021. 11. 4. 최종 방문.

뜻으로 쓰인다. 그리고 증권 분야에서는 분산해서 투자한 자산의 컬렉션이라는 뜻으로 쓰이는데, 보유 주식들 중에서 각각의 종목 구성을 의미하는 뜻으로 쓰이고 있다. 그렇다면 특허 포트폴리오는? 특허도 증권처럼 예전에는 종이로만 특허증이 발행되었을 터이니 가방에 특허증을 모아서 가지고 다닌다면 특허 포트폴리오라고 불렀을 수도 있겠지만, 특허증도 전자적으로 발행하는 시대이니 어울릴 해석은 아니다. 특허 포트폴리오의 의미는 각각의 특허에 초점을 맞춘 것이 아니라, 특허 보유자가 소유한 특허의 집합을 의미한다.

인류가 수천 년 이상 문명을 발달시켜 오다 보니 하늘 아래 새로운 것이 없다고 한다. 완전히 새로운 기술이 드문 세상이다. 많은 발명이 선행 기술의 문제점을 파악하고 이를 개량하는 것으로 이루어진다. 특허 하나만으로 다른 경쟁자들을 모두 제압하는 것은 쉽지 않다. 경쟁자들도 내 특허를 들여다보고 있다가 회피할 방안을 이리저리 찾아낼 수 있다. 그래서 내 특허를 피해갈 구멍이 없도록 적절한 특허 포트폴리오 그물망을 촘촘하게 만들 필요가 있다.

사업이 커지면 기술의 측면에서뿐 아니라 글로벌 시대이니만큼 국가별 포트폴리오의 구성에도 신경을 써야 한다. 우리나라에만 특허를 받고, 그 우리나라 특허출원을 기초로 외국 특허청에 특허를 신청할 1년의 기회를 놓친다면 어떻겠는가. 세계의 공장 중국에서 신나게 특허 기술을 복제해서 한국만 제외하고 글로벌시장에서 매출을 올린다면 꽤 아쉬운 일이다. 그래서 내 사업이 어느 나라에서 수요가 있고, 어느 나라에서 주로 공급이 일어날 것인지도 감안하여 글로벌 차원에서의 특허 포트폴리오 구축에 힘을 써야 한다.

(3) 해외 진출을 염두에 두고 있는데

바로 앞의 내용을 읽어보니 글로벌 차원에서 특허 포트폴리오도 구축해야 한다고 했다. 그런데 어떻게 해야 하나? 그리고 특허만 필요한 게 아니라 외국에 수출을 하려다 보니 디자인이나 상표도 필요한데, 해외에 진출할 때 무엇에 신경 써야 할까? 처음 해외출원을 할 때 주의해야 할 부분과 팁을 소개하고자 한다.

 우선권주장

우선권은 priority를 번역한 말이다. 이러한 우선권제도는 세계 각국의 산업재산권제도를 관통하는 파리협약(Paris Convention)[53]에서 규정한 것인데, 어느 한 나라에서 특허(실용신안), 디자인, 상표를 출원하고 다른 나라에 일정 기간 안에 출원을 하면서 우선권을 주장할 수 있게 했다. 우선권을 주장하면 발명이나 디자인이 새롭고 어려운지, 누가 먼저 출원한 것인지를 판단할 때 나중에 출원한 나라가 아닌 처음 우선권주장의 기초가 된 나라에 출원한 날짜를 기준으로 한다. 파리협약 가입국에는 우리나라를 포함해서 특허나 디자인, 상표제도가 있는 나라들이 거의 모두 포함된다. 그래서 해외 진출할 건데 우선권제도가 없어서 한국과 동시에 그 나라 특허청에도 '준비~땅!' 하고 출원을 진행해야 하는 우려는 없다고 봐도 무방하다. 맘 편하게 우리나라든, 외국이 편하면 그 외국에서

---

53 정식 명칭은 공업소유권의 보호를 위한 파리협약(Paris Convention for the Protection of Industrial Property)이다.

든 사업을 하고 있거나 연구를 하는 곳에서 잘 준비해서 출원 일자를 받은 뒤에 우선권이 인정되는 기간에 더 필요한 나라를 정해서 후속 출원을 진행하면 되는 것이다.

파리협약은 1883년 3월 20일에 조약 제목처럼 파리에서 체결됐다. 파리협약이 체결되기 전 우선권제도가 없었던 시절을 상상할 수 있는가. 혹시 어릴 때 BB탄 총을 가지고 놀았거나 군 복무를 하셨던 분들, 밀리터리매니아나 총에 관심이 있는 분들이라면, 콜트라는 미국의 총기회사를 아실 것으로 생각한다. 콜트사는 새뮤얼 콜트(1814)가 리볼버 권총을 개량하는 발명으로부터 시작하여 자신의 특허를 담보로 금융을 일으키기도 하고, 라이선싱을 통한 제조아웃소싱, 침해금지경고와 특허 연장을 통한 분쟁 등 오늘날 특허를 가지고 할 수 있는 거의 모든 경영전략을 19세기 초중반에 보여준 기업이다. 그런데 콜트가 사업에 착수한 시기는 19세기 초반이니 당시에는 19세기 후반인 1883년에야 체결되는 파리협약의 덕을 볼 수 없었다. 그래서 그는 1835년 8월 미국에서 유럽으로 건너가 영국과 프랑스를 돌며 특허를 신청한 뒤 미국에 돌아와 미국특허를 신청하기에 이르렀다. 당시에 미국에서 유럽으로 건너가려면 범선을 타고 항해를 해야 했을 것이고, 유럽 내에서도 영국과 프랑스를 육로로 이동하려면 시간도 상당히 많이 소요되었을 것이다. 오늘날처럼 인터넷을 이용하여 전자문서로 순식간에 제출하고 우선권주장서류도 특허청 간에 알아서 교환되는 시대에 비하면 해외 특허를 갖는다는 것이 무척 불편한 일이었음에 틀림없다.

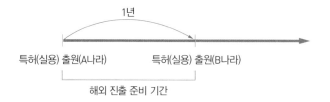

그림 4-2 특허·실용신안 우선권주장 기한

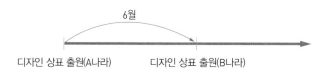

그림 4-3 디자인·상표 우선권주장 기한

이처럼 우선권제도가 도입되어 편리해지긴 했는데, 그렇다면 파리협약에서 규정한 우선기간은 얼마나 될까? 특허와 실용신안은 1년, 디자인과 상표는 6개월이다.[54] 실용신안을 기초로 특허를 또는 그 반대로 출원할 때는 당연히 1년이다. 다만 흔치 않은 경우이나, 실용신안을 기초로 다른 나라에 디자인(의장)을 출원할 때는 디자인의 우선기간인 6개월이 기준이 된다. 파리협약에 규정된 내용은 우리나라 법에도 그대로 반영되어 있어서 외국에서 먼저 한 특허(실용신안)·디자인·상표출원을 우리나라에 우선권주장을 하며 출원할 때도 각각 1년·6개월·6개월 이내에 해야 하

---

54 공업소유권의 보호를 위한 파리협약 제4조 C.1.

고[55] 역으로 우리나라 특허청에 했던 출원을 해외로 가지고 갈 때도 마찬가지다. 특허의 경우 국제출원(PCT)을 하려고 할 때도 국제출원제도가 파리협약 안에서 인정되는 제도로 우선기간이 그대로 적용되기 때문에 1년 이내에 국제출원은 이루어지는 것이 정석이다.[56]

이제 기억할 것은 세 가지다;

특허와 실용 1년! 상표와 디자인 6개월!

그런데 1년과 6개월 되기 며칠 전에야 서두르면 곤란하다. 해외로 내보내려면 외국 변리사들에게 의뢰도 해야 하고 번역도 필요하고 여러 가지 준비시간이 필요하기 때문이다. 더욱이 특허와 실용신안은 분량이 좀 긴 명세서 번역과 검토까지 필요하기 때문에 우선권주장의 마감 기한으로부터 1~2개월은 더 빨리 착수해야 한다.

 공지예외주장(신규성 상실의 예외)

세상에 내 아이디어나 디자인을 내보이기에 앞서 특허(실용신안)와 디자인출원을 먼저 하는 것이 원칙이다. 어느 변리사한테 물어보든 "출원 먼저 하시고 자랑하고 싶어도 꾹 참고 출원이 완료되면 공개하세요."

---

55 특허법 제54조 제2항, 디자인보호법 제51조 제2항, 상표법 제46조 제2항 참조.

56 어느 스타트업 사장이 특허가 이미 공개된 후에야 해외출원을 하겠다길래 이유를 물으니, 다른 스타트업 대표가 국내 특허등록을 한 후에 진행하면 된다고 한 말을 믿었다고 하였다. 해외출원의 우선권주장기간을 국제출원의 국내 단계 진입 기간인 30개월이라든가, 등록 후의 각종 기간과 혼동한 모양이다. 정확하지 않은 정보가 많은 포털 검색이나 비전문가 간의 의견 교환보다는 전문가를 활용하는 게 바람직하다.

라고 할 것이다. 하지만 세상사 내 맘대로 되는가. 단지 자랑을 하고 싶어 SNS에 업로드할 수도 있지만, 중요한 바이어를 만날 수 있는 기회인 박람회가 다가왔을 수 있다. 물 들어올 때 노 저어야 한다고, 지금 빨리 마케팅을 진행해야 할 수도 있다. 대학이나 연구소와 협업해서 연구개발을 하다 보니 연구책임자인 박사님이나 교수님은 논문 발표가 급하다고 할 수도 있다. 잠재 투자자가 기술이나 디자인을 좀 알아야 투자 결정을 할 수 있다고 할지도 모른다. 여러 사유로 불가피하게 출원되기 전에 공개할 수밖에 없는 사정이 생긴다.

상표는 먼저 공개한다고 해서 새롭지 않다고 거절하지 않지만, 특허나 디자인은 내가 세상에 공개했다가 내 출원이 거절될 수도 있다. 불가피한 사정이 있든, 깜빡 실수를 했든 무작정 거절하는 것은 너무 가혹할 수 있기에, 특허법과 디자인보호법에서는 구제제도를 인정하고 있다. 그 기간은 특허법(실용신안법)과 디자인보호법 모두 1년이다.[57] 예전에는 6개월이었으나 특허와 실용신안은 2011년 12월 개정, 디자인보호법은 2017년 3월 개정을 통해 1년으로 늘어났다.

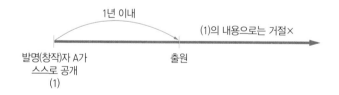

그림 4-4 **공지예외주장의 효과**

57 특허법 제30조 제1항, 실용신안법 제11조, 디자인보호법 제36조 제1항.

이와 같이 구제의 기회가 있으니 출원을 꼭 서둘러야 할 필요가 없는 것일까? 전혀 그렇지 않다. 특허법이나 디자인보호법에서는 '특허를 받을 수 있는 권리를 가진 자의 발명'이나 '디자인등록을 받을 수 있는 권리를 가진 자의 디자인'이 외부에 알려진 경우에만 구제받을 수 있게 하고 있다. 세상에 공개된 상태에서 출원을 미루는 사이에, 발명(고안)을 하거나 창작을 한 사람 또는 그 발명자(고안자)나 창작자로부터 출원할 권리를 얻은 사람이 아니라, 전혀 상관없는 제3자가 독자적으로 생각한 내용이 공개된다면 그 때문에 내 출원이 거절될 수 있다. 우선권주장과 공지(신규성 상실)예외가 다른 점은, 우선권주장은 우선권을 주장하는 날(우선일이라고 한다)을 기준으로 새로운지 판단하지만, 공지예외나 신규성 상실의 예외는 그냥 출원일 기준이라는 것이다. 나의 발명이나 디자인이 공개한 것으로 거절하는 데 사용하지 않겠다는 것이지, 다른 사람이 창작해서 공개한 것까지 넘어가 주는 것이 아니다.

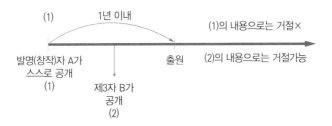

그림 4-5 공지예외주장과 제3자의 공개행위가 경합

여기서 주의할 점은 공지예외나 신규성 상실의 예외 기간이나 요건이 모든 나라가 같지 않다는 것이다. 특허법을 살펴보면 우리나라만 해도 과거에 이런 구제를 받으려면, 정부나 지방자치단체에서 개최하는 박람회나 학술대회에서 공개되는 경우에 한정하거나 하는 제약이 있었다가 사라졌다. 그런데 미국은 별다른 제약이 없는 편이지만 다른 나라들은 특허청이나 국제단체 또는 자국 정부가 인정하는 학술단체나 박람회에서 공개한 것만 인정해 준다거나(일본, 중국, 유럽), 특허라 할지라도 최초 공개일로부터 6개월 이내에 공지예외주장을 하며 출원해야 하는 국가(중국, 유럽)가 있다. 디자인은 어떤가. 미국, 일본과 유럽은 우리나라와 같이 1년의 기간을 인정하지만, 중국은 알려진 날로부터 6개월 이내에 출원해야 한다. 또한 특허와 마찬가지로 중국 정부가 인정하는 국제전시회나 특정한 학술대회에서 발표해야 한다는 조건도 붙어 있다.

미루는 일이 습관이 되면 악순환이 된다. 이래저래 골치 아프다. 더욱이 우선권주장 비용만 내면 될 것을, 공지예외주장에 대한 외국 변리사의 서비스 비용까지도 부담해야 한다. 무엇보다 거절될 확률도 높아진다. 그러니 복잡하게 생각하지 말길 바란다. 해외 진출을 생각하면, 서두르는 것은 권장 사항이 아니라 MUST다. 일례로 필자의 고객인 어느 미국기업은 멋진 제품을 개발했다. 그리고 여러 나라에서 사업을 하기 위해, 헤이그 디자인이라는 제도를 통해 제품 디자인을 국제출원해서 미국은 물론 일본과 여러 나라에서 디자인등록을 받았다. 그런데 우리나라 심사관만 거절이유를 통지했다. 그 이유를 알고 보니 디자인 출원에 앞서 그 회사 인스타그램 계정에 제품 사진이 올라온 것을, 우리나라 심사관만 발견한 것이었다. 필자는 인스타그램에 로그인하지 않으면 보이지 않는 경우를 경험했다. 그래서 다른 나라 심사관들은 하지 않는데, 우리나라 심사관만 인스타그램을 했던 모양이다. 그래서 쉽게 등록받을 수 있었던 국제디자인등록출원에 대해서 그 회사는 필자가 일하는 특허법인에 별도의 비용을 지급하면서, 스스로 공개했었다는 증거와 의견을 특허청에 제시해야만 했다. 도면을 인스타그램에 올릴 정도로 디자인이 완성되어 있었다면 미루지 말고 바로 디자인등록출원을 서둘렀다면 어땠을까.

 ## 어느 나라에 출원해야 하나

내 사업이, 우리 회사가 잘 되고 있다. 드디어 해외에서도 문의가 오기 시작했고 바이어도 만나서 긍정적인 답변을 들었다. 이제 내 기술과 디자인, 브랜드가 보호를 받으려면 외국에도 특허, 상표, 디자인 출원을 해놔야 할 것 같다. 출원을 담당한 변리사님한테 물어보니, 권리가 생기려면 나라마다 각각 신청해서 심사를 받고 등록도 받아야 한다고 한다.

그러면, 일단 나라를 골라야 하는데, 세상에 앞일이 확실한 것이 어디 있는가. 우리 제품이 미국에서도 K-컬처 붐을 타고 원더풀 소리를 들을 것 같고, 일본에 있는 친구에게 물어보니 이걸 들어오면 "스바라시이!"라고 할 거란다. 태국 바이어에게 샘플을 보냈더니 "넘버원, 컵쿤캅!"이라며 견적을 내달라고 했다. 다시 변리사님한테 물어보니 다음과 같은 답을 들을 수 있었다. "전 세계에는 주요 특허청 5개가 있는데 IP5(Intellectual Property 5)로 불리는 한·미·일·중·유, 그러니까 한국·미국·일본·중국·유럽이 있습니다. 그래서 IP5에서 우리나라를 뺀 4개국을 많이 선택하지만, 중요한 건 사업계획이나 제품 특성에 따라 선택한다는 것입니다."

인건비를 줄일 수 있는 기계제품은 인건비가 너무 싼 나라에 굳이 출원할 필요가 없을 것이고, 대마초에 관련된 아이템은 미국에서는 허용될 수 있겠지만 대마 흡연이 불법인 나라에서는 심사가 제대로 진행되지도 않고 거절될 수도 있다.

이처럼 사업적인 면을 고려해서 출원할 나라가 딱 정해지면 좋겠지만 아직도 개발이 한창이거나 어느 나라에서 한방이 터질지가 확실하지 않다면? 특허라면 시간을 꽤 벌 수 있는 한 가지 방법이 있긴 하다. 국제변호사란 직업은 없지만, 국제특허는 있다. 흔히 PCT 출원이라고 부르는데, 특허협력조약(Patent Cooperation Treaty)의 약어다. 한국특허청에 먼저 특허를 신청한 상태에서 앞서 설명한 우선권주장 기간인 1년이 되어가는데 아직 해외 진출할 나라가 뚜렷하지 않다면, 일단 급한 대로 한국특허청을 통해 PCT 출원을 진행하면 1년 반 이상의 시간을 벌 수 있다.

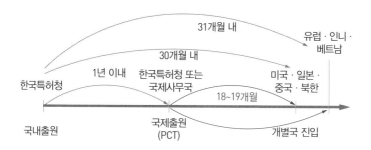

그림 4-6 특허의 경우: 국제출원(PCT) 출원

그림 4-6에서 한국특허청에 국내 출원했던 날로부터 1년의 기한이 임박하여 PCT 출원을 했을 경우 30~31개월의 기간에서 1년(12개월)이 지났어도, 앞으로 18~19개월 안에 어느 나라에 진입할지를 결정할 수 있다. 이처럼 PCT 출원이 이루어진 후 개별국에 들어가기 전까지의 단계를 국제 단계라고 부르는데, 이 기간에 국제조사기관이 선행 기술을 검색해서 보고서를 보내준다. 이 보고서를 국제조사보고서(ISR)라고 부르

고, 지금은 특허성에 대해서 간단한 의견도 제시한다. 그리고 개별국가에 진입한 이후의 단계는 국내 단계라고 부른다. 심사관의 재량이긴 하지만 국내 단계에서 각 나라의 심사관들이 국제조사보고서를 참조할 수 있어 국제적인 공조가 이루어지는 셈이며, 발생할 거절이유도 어느 정도 예상할 수 있다. 국내에서의 실무 관행상 거절이유가 나왔을 때 변리사 수임료가 매우 낮고 대신 등록성사금이 높은 데 반해, 해외의 경우 (국내 변리사들이 외국 고객들에 대해 청구할 경우도 마찬가지로) 등록성사금이 없는 대신 거절이유에 대응할 때마다 높은 비용을 청구받게 되므로 국제조사보고서(ISR)를 참고하여 국제 단계에서 청구항을 한 번 적절히 보정함으로써 향후 발생할 비용과 거절이유를 줄여볼 수 있다.

특허에 PCT가 있다면 상표에는 마드리드 국제상표제도(이하 '마드리드'라고 한다), 디자인에는 헤이그 시스템에 의한 국제디자인출원(이하 '헤이그'라고 한다)이 있다. 헤이그와 마드리드가 특허의 PCT와 다른 점은, PCT가 국제 단계 이후 원하는 나라(지정국이라고 한다)마다 국내 단계에 진입하기 위한 서류를 제출하는 절차를 일일이 밟아서 심사를 받아야 하는 데 반해서(다국가 다출원 체제), 마드리드나 헤이그는 그렇지 않다는 점이다(다국가 1출원 체제). 헤이그나 마드리드는 국제사무국에서 형식적인 부분만 심사하여 국제등록이 이루어지면 조약에 가입한 나라들의 개별 특허청에서 실질적인 심사를 진행한다. 꽤 진보적이고 자동화된 체계인 셈이다. 단 마드리드와 헤이그 간에도 한 가지 눈에 띄는 차이점이 있다. 헤이그는 PCT와 마찬가지로 국내 출원을 하지 않고도 바로 헤이그 출원이 된다. 그러나 마드리드는 바로 진행할 수는 없고, 국내에 출원이나 등록을 한 실적이 있어야 한다. 이를 기초출원 또는 기초등록이라고 한다. 그래

1. 아이디어와 제품군이 늘어난다

165

서 헤이그는 PCT처럼 우리나라 특허청을 경유하거나 직접 국제사무국에 제출할 수 있는 반면, 마드리드는 특허청을 통해서 진행한다.

이와 같이 PCT, 헤이그, 마드리드 제도가 여러 나라에서 등록을 받을 때 절차적·행정적으로 편리하고 비용도 절감되는 효과가 있다. 그렇지만 장점이 있으면 단점도 있는 법이다. 마드리드는 국제등록을 받고 5년 안에 그 기초출원이나 기초등록인 우리나라에서의 출원·등록이 무효가 될 경우, 국제등록도 소멸된다는 불안정성이 있다. 그리고 우리의 중요한 교역파트너들 중에 해당 제도가 없는 나라가 있다. PCT에 우리가 알 만한 나라는 전부 들어 있지만, 헤이그에는 의외로 북한은 있는데 결정적으로 중국이 없다. 중국에서 디자인을 보호받으려면 중국에 개별적으로 출원해야 한다. 마드리드에는 다행히 중국은 있지만, 홍콩과 마카오는 빠져 있다. 북한은 참 부지런하게도 마드리드에 가입해 있고, 파리협약에는 우리나라보다 한 달 늦게 가입했지만 PCT는 대한민국(1984)보다 4년 빨랐다.

참! 특허나 디자인과 달리 상표는 나라마다 문화적인 차이를 고려해야 할 수도 있다. 영어권 국가들 내에서도 같은 영어 단어를 두고도 느낌이 다를 수 있으니, 국가 간에는 어떻겠는가. 예를 들어, 어느 미국회사가 AC8이라는 상표를 붙인 제품이 미국에서 크게 성공했다고 하자. 한국에서 AC8을 상표등록할 수 있을지 모르지만, 에이+씨+팔로 읽히면 어떻겠는가? 또 한국에서 대영이라는 상표를 쓰는 회사가 영어로 Dai Young이라고 써서 미국에 가져간다면 미국인들이 어떻게 느끼겠는가(Die Young을 연상케 해서, 젊어서 죽는다는 느낌이 든다).

어느 나라에 출원해야 하는지에 대해서 마지막 당부를 한다면, 상표는 몰라도 특허나 디자인은 어느 나라에 '팔' 것인가만 보지 말고 어느 나라에서 '생산'될 것 같은지도 보라는 것이다. 미국과 일본에 수출할 것 같아서 미국과 일본에만 특허와 디자인을 등록받았는데, 어느 날 이 제품이 한류붐을 타고 인기가 높아져서 남미와 유럽에서 수요가 늘어났다고 하자. 미국과 중국의 무역전쟁, 그리고 글로벌 공급망 이슈로 변화의 조짐이 있긴 하지만 20세기 후반 이후로 중국은 세계의 공장으로 일컬어진다. 내 제품이 유럽과 남미에서 인기가 높아지면 생산과 제조 인프라가 잘 갖춰진 중국의 공장에서 순식간에 모방품을 만들어서 남미와 유럽 시장을 휩쓸게 될 것이다. 재주는 내가 부리고 돈은 왕서방이 버는 사태가 벌어지는 것이다. 이럴 때 중국에 특허와 디자인을 갖고 있다면, 중국의 생산자들이 제조하고 유통하는 것, 그리고 수출하는 것을 방어하는 것이 유럽과 남미 각국의 세관과 도소매 기업을 상대로 수많은 소송을 하는 것보다 효과적이고 비용도 적게 들지 않겠는가. 이른바 길목을 막을 수 있는 것이다. 그러므로 해외 출원 국가를 고려할 때는 소비시장과 함께 생산 지역도 함께 보기를 바란다.

 ## 외국 변리사는 어떻게 선임할까?

1장에서 내게 맞는 변리사를 찾는 방법을 소개했다. 우리나라 안에서야 소개를 받을 수도 있고 한국어로 대화할 수도 있는 데다 키프리스를 통해 나와 같은 기술을 누가 많이 담당했나 검색도 쉽게 해볼 수 있다지만, 외국 변리사는 어떻게 알아봐야 한단 말인가? 매년 해외에서 여러 출원을 꾸준히 하는 규모 있는 회사가 아닌 이상, 딱 떨어지는 답은 없다. 별다른 요청이 없는 경우 우리나라 출원을 대리한 변리사에게 문의하면 상호 거래관계에 있는 외국 변리사를 통해 진행할 것이라고 안내받을 것이다. 이러한 업무는 국제거래이기도 해서 비용 차이가 너무 크지 않다면 한국의 담당 변리사와 신뢰관계가 쌓인 외국 변리사와 진행하는 것이 무난한 선택이다.

다만 어떠한 계기로 해외 변리사를 잘 알게 되어 그 나라에서의 출원 업무를 담당하게 하고 싶다면, 국내의 담당 변리사에게 내가 지정하는 외국 대리인을 선임하는 것에 대해 상의해볼 수 있을 것이다. 다만 필자가 우려하는 점은 국내에서도 무자격자가 변리사 명의를 빌려서 영업하다가 출원인들에게 큰 손해를 끼친 데다 형기를 마친 뒤에도 또다시 같은 불법을 저질러 형사사건이 진행된 일이 있는데, 국제적으로도 무자격자들이 중간에 껴서 수수료를 받고 실제로는 다른 외국 변리사에게 업무를 할당하는 사례가 없지 않다는 것이다. 특히 특허의 경우 PCT 출원을 한 뒤에 국제공보가 나오면 그 주소를 보고 외국 업체에서 자신들에게 유럽 등 어느 국가에서의 절차를 맡겨주면 저렴하게 진행해주겠다는 내용이 담긴 우편 홍보물이나 이메일을 보내오는 것을 본 적이 있다. 그럴 때는 우리나라 변리사를 찾을 때와 마찬가지로 그 업체의 홈페이지가 존재하는지, 그 홈페이지에 전문가인 변리사들의 약력이나 경력이 잘 소개되어 있는지부터 점검하기 바란다. 변리사는 영어로 Patent Attorney로 표기한다. 그 외, Patent Paralegal, Patent Engineer, Patent Advisor 등으로 직함이 표시된 사람들은 변리사 이외의 스태프들이다. 또한 모든 국가가 제공하지는 않지만, 키프리스 사이트에서 해외 특허나 해외 상표에서 스마트 검색을 클릭한 뒤 대리인(AG) 란에 이름을 넣고 검색해보면 그 외국 변리사가 대리한 출원 사건들을 검색할 수 있으니 참고할 만하다.

출원 건수가 많아져서 직접 외국의 변리사와 딜을 하여 서비스와 가격을 흥정해야 할 정도라면? 회사가 그 정도 수준에 이르렀다면 이미 소상공인이나 스타트업을 벗어난 지 한참 되었다. 그런 독자들이라면 이 책 대신 《우리 회사 특허관리》(장진규·박병욱 著, 클라우드북스, 2017)'를 참조하기 바란다.

지금과 같이 1일 생활권, 인터넷 시대에는 어울리지 않는 말이지만 옛말들 중에 "'말은 나면 제주도로 보내고 사람은 나면 서울로 보내라"라는 말이 있다. 변리 업계에도 이와 비슷한 농담으로 "특허는 미국으로, 상표는 중국으로"라는 말이 있다. 미국은 저작자와 발명자에게 독점적인 권리를 확보해주어야 한다는 것을 헌법에서 직접 규정할 정도로 창작의 보호를 크게 중요시하는 나라이자, 전 세계 혁신과 기술의 중심지다. 그러니 미국에서는 특허도 제대로 보호받을 수 있다는 것은 누구나 수긍할 수 있을 것이다. 오죽하면 배터리 기술을 두고 우리나라 기업인 LG와 SK가 한국법원을 놔두고 미국법원에서 소송을 했겠는가.

그렇다면 상표는 왜 중국으로 가라고 한 것일까?

우리나라 경제가 중국과 워낙 밀접하게 연관되어 있고 교류 규모가 크다 보니 중국에서 우리나라 기업들의 상표를 선점하는 사례가 적지 않았다. 울며 겨자 먹기식으로 중국의 상표권자에게 비싼 돈을 주고 상표를 찾아오는 경우도 있었고, 오랜 시간에 걸쳐 법적인 절차를 진행하여 되찾기도 했지만, 어느 경우든 시간과 비용, 그리고 노력이 들 수밖에 없다. 중국만 탓할 것도 아닌 것이 한때 우리나라에도 서구기업들을 상대로 그런 행위를 하는 브로커가 적지 않았다고 하니, 어찌 보면 법의 허점을 잘 이용한 봉이 김선달 같은 존재라고 볼 수도 있겠다. 특히 랴오닝성에 사는 김OO이라는 사람은 개인과 8개의 법인 명의로 중국에서 한국기업에 관련된 상표들을 7백 건 이상 등록했던 전력이 있는데, 그가 선점하려 했거나 이미 보유한 대표적인 상표들만 해도 네이처 리퍼블릭, 신전(떡볶이), 바푸리, 알볼로 피자, 미스터보쌈, 마니커, 맘스터치, 올반, 팔도 등 다양하다. 다행히 중국 정부가 상표 심사 기준을 강화하면서 2004년부터 이어진 김 씨의 악의적 상표 브로커 활동은 작년부터 멈추었다고 한다.[58] 중국이 지식재산권의 보호 수준을 높인 것은 우리 기업들 처지에서는 다행스러

---

58   이현승, "악질 브로커 K 누구길래?…자취 감추자, 中 상표 피해 확 줄었다", 조선비즈, 2021. 1. 21., 〈https://biz.chosun.com/site/data/html_dir/2021/01/20/2021012003419.html〉, 2021. 11. 5. 최종 방문.

운 일이다. 그렇지만 제2의 김 씨가 등장할 가능성을 배제할 수 없는 데다 등록받은 상표를 싸워서 찾으려면 시간과 비용이 소요된다. 그러니 브랜드가 중요한 사업을 하고 있고, 언젠가는 중국에 진출해야 한다면 중국에서 상표 등록을 받는 일에 반드시 신경 쓰자.

내 사업이 동시에 여러 나라로 뻗어나가는 과정에서 국제출원(PCT 출원)제도를 편리하게 이용할 수 있다는 것은 설명했다. 비록 국제출원 비용이 들기는 해도 본격적으로 외국 특허청에서 절차를 밟아야 하기까지 시간도 1년 반 정도 벌어줄 수 있다고 하니 고맙기도 하다. 여러 나라에 진출하지 않고 한두 국가에만 수출할 생각이지만, 당장 해외출원 비용 부담이 커서 사업이 잘되기 전까지 시간을 벌기 위해 PCT 출원을 하는 경우가 있을 정도다. 그런데 PCT 출원을 할 때도 통상적인 관례를 따르기보다는 내 사업과 연관시켜 고민해야 할 요소들이 있고, 이러한 점들은 회사 내부 사정을 모른다면 내 출원을 담당할 변리사도 제시할 수 없기 때문에 여기서 짚고 넘어가고자 한다.

먼저 우리나라 특허청에 PCT 출원을 할 경우 한국어, 그리고 '일본어와 영어'도 가능하다. 다수의 PCT 출원이 한국어로 이루어지고 있고 일부 영어 출원, 그리고 일본어 출원의 비중은 크지 않으리라 생각된다. 아마도 일본기업 또는 일본기업의 한국지사 정도에서 일부 활용하고 있을 것으로 추측한다. 한국어로 출원되는 이유는 번역료를 아낄 수 있다는 점 때문일 것이다. 한국어로 출원했던 파일에서 Ctrl−C, V로 긁어서 금세 PCT 출원 명세서를 만들어낼 수 있는 데다, 영어나 일본어의 번역료도 아낄 수 있으니 아름답지 않은가. 사실 2009년 이전에는 한국어는 국제공개 언어가 아니었다. 그래서 국제공개를 위해 영어 번역문을 제출해야 했다. 이후 국제무대에서 한국특허청의 위상이 올라가면서 영·일·독·불어와 중국어·아랍어·러시아어·스페인어처럼 한국어도 국제공개 언어가 되었다.

한국어로 출원도 할 수 있고 국제공개 언어가 되다 보니 예전처럼 한국어로 출원 후 국제공개를 위한 영어 번역문을 제출할 필요는 없어졌지만, 영어나 일본어 로 출원할 수 있다는 점은 여전히 의미가 있다. 여기서 영어로 명세서를 작성해서 한국특허청에 출원할 때는 한국·오스트리아·호주 특허청 중에서 고를 수 있는 반면, 일본어로 한국특허청에 출원하면 일본 특허청에서만 내 발명에 관한 선행 기술조사를 해준다. 앞서 설명한 것처럼 PCT 출원

과정에서 나온 국제선행기술조사보고서(ISR)를 나중에 각 나라의 심사관들이 얼마나 참고할지는 재량에 달려 있다. 그렇지만 ISR을 작성한 특허청은 그 PCT 출원이 자국에서 다시 심사를 받을 때 자신들이 작성한 ISR의 내용에 따라 거의 그대로 심사 결과가 나올 가능성이 높다.

그렇다면 내 발명의 주된 목표시장은 일본이지만 아직은 물건이 제대로 만들어질 수 있을지, 일본 바이어를 잡을 수 있을지 불확실한데, 우리나라에서 특허출원한 지 1년이 되어간다면? 일본 특허청에 바로 일본어 번역을 해서 출원하기는 부담스럽기 때문에, 한국특허청에 일본어로 PCT를 진행하고 일본 특허청의 국제조사보고서(ISR)를 받는 것이 대안이 된다. 물론 일본 특허청의 조사수수료가 한국특허청보다 비싸기는 하다. 그러나 추후 일본에서 절차를 밟을 때 일본 심사관이 제시할 거절이유를 예상하여 특허의 청구범위를 미리 조정해서 거절 횟수를 줄일 수 있다면 비싼 일본 변리사 수임료도 아낄 가능성이 높아질뿐더러 일본에서의 등록도 더 빨라질 수 있다.

한편 영어로 한국특허청에 PCT 출원을 접수하면, 호주나 오스트리아 특허청에서 조사해봤자 미국이 빠져 있기 때문에 실익이 없는 것 아닐까 생각할 수 있다. 하지만 글로벌 마케팅이라든가, 경쟁자의 특허등록을 저지한다는 면에서 영어 출원은 효용이 있다. 한글로 된 특허출원의 요약서가 영문으로 일반에 제공되고(한국특허영문 초록, KPA) 한국 특허의 기계번역이 외국 특허청의 심사관들에게는 K-PION 시스템을 통해 제공된다. 그러나 일반에 제공되는 KPA는 요약서뿐이어서 외국 바이어들에게 특허 내용을 소개하려면 결국 영어를 포함한 언어로 번역해야 한다. 반면 영어는 국제언어이니 영어권뿐 아니라 여러 나라에서 내가 가진 기술에 대한 소개 자료로 쓰는 데 유용하다. 또한 전문가가 깔끔하게 번역한 영어 특허문서는 외국 심사관들이 참고하기에도 훨씬 유리해서, 경쟁회사가 특허를 받는 것을 저지하는 데 선택될 확률도 높아진다.

참고로 미국기업들이 미국특허청이 아닌 한국특허청에 PCT 출원을 하는 경우가 종종 있다. 특히 한국이 강점을 가진 IT 분야에서 발견되곤 하였는데, 이는 한국특허청의 국제조사의 우수성과 더불어 한국특허청의 조사 수수료가 미국특허청보다 저렴하다는 것도 이유 때문이었을 것이다. 역으로 (비싸기는 하지만) 언젠가 미국을 염두에 두고 있다면 미국특허청에 PCT 출원을 하는 것도 생각해볼 수 있는 방안이다.

또한 우리나라에 먼저 국내 출원을 한 다음에 꼭 PCT 출원을 해야 한다는 고정관념을 가질 필요는 없다.

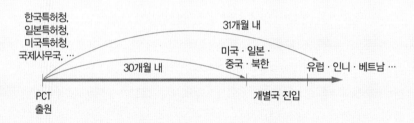

그림 4-7 처음부터 PCT출원을 할 경우

처음부터 원하는 나라나 국제사무국에 PCT 출원을 하는 회사들도 있다. 예를 들면 창원에 한있는 스웨덴 기업의 한국지사의 연구소가 그러한데, 한국연구소가 그 품목의 R&D 허브이고 전 세계에 수출을 하다 보니, 언젠간 그림 4-7처럼 처음부터 PCT 출원을 한다. 이렇게 되면 개별국으로 진입할 때까지 느긋하게 30~31개월의 시간을 갖고 개발과 사업화를 진행할 수 있는 것이다.

필자가 어릴 때 아버지뻘인 어른들이 하던 말씀 중에 "노인들이 차로 어디 데려다 주는 것을 너무 쉽게 생각한다. 운전이 생각보다 정신적으로 꽤 피곤한 일인데 노인들은 차로 휘~ 한 번 다녀오는 게 뭐가 대수냐고 얘기하면서 대수롭지 않게 여긴다."라는 내용이 기억난다. 지금은 어르신들도 대부분 젊어서 운전을 하셨던 경우가 많은 데다가 자가용을 통한 이동을 많이 경험한 세대다. 그러나 필자가 어릴 때는 자가용 승용차가 있는 집이 드물다 보니 이해가 부족했으리라는 생각도 든다.

이제 산업재산권으로 관심을 돌려보자. 인생을 살면서 많은 이들이 문제가 생겨 변호사도 찾아가고 부동산을 구입하면 법무사를 통해 등기를 의뢰하기도 하며, 세금은 누구나 내다 보니 세무사도 익숙하다. 그런데 평생 특허나 상표, 디자인을 받아볼 일이 없는 경우가 많고, 미디어에서도 자주 다뤄지지 않다 보니 변리사가 하는 일에 대해서는 상대적으로 생소한 것 같다. 그래서인지 변리 업무를 세무서에 세금신고를 하거나 등기소에 등기하듯 순식간에 처리되는 것으로 생각하는 경향이 있는 것 같다. 그러나 산업재산권을 등록받는 것은 전혀 다른 문제다. 등기 신청이나 세금신고는 이미 발생한 일, 부동산을 사고, 팔았거나 소득이 생겼다는 사실을 정리하는 과정이다. 그러나 특허를 받거나 상표, 디자인을 등록받는 일은 세상에 없던 권리를 만들어내는 일이다. 그래서 준비 작업도 필요하고 그 준비를 하는 데 변리사의 시간과 노력도 많이 들어간다. 그리고 특허청에서도 심사관이 엄격한 심사를 거쳐 권리를 주게 된다. 그러니 특허·상표·디자인 등 산업재산권을 취득하는 데는 시간이 꽤 걸린다. 그러면 도대체 시간이 얼마나 걸릴까? 특허청에 따르면 연도 및 권리별 심사 처리 기간은 표 4-1과 같다.

1. 아이디어와 제품군이 늘어난다

표 4 - 1 **심사 처리 기간**(단위: 개월)[59]

권리	2016	2017	2018	2019	2020
특허/실용신안	10.6	10.4	10.3	10.8	11.1
디자인	4.7	4.9	4.9	5.4	5.3
상표	4.8	5.0	5.5	6.8	8.9

참고로 표 4-1의 기간은 출원 이후 등록까지의 기간이 아니라, 심사관이 등록을 시켜줄 수 있을지 아니면 거절할 것인지를 통지할 때까지를 말한다. 실제 등록은 등록료 납부 절차가 있고, 상표의 경우 출원공고 기간이 있으므로 조금 더 걸린다. 여기서 가장 최근 통계인 2020년 기준으로 볼 때, 디자인이 그나마 반년 정도면 등록까지도 노려볼 만한 반면, 상표는 실질적으로 빨라야 10개월 정도, 특허는 1년 이상을 봐야 한다. 물론 돈을 더 쓰는 우선심사신청제도가 있기는 하지만, 그마저도 적체가 상당하여 이제는 반년까지 기다려야 하는 상황이 되었다. 이러한 심사처리 속도마저 외국 특허청에 비하면 굉장히 빠른 편이니 불평할 사항은 아니다. 그렇지만 사업 준비를 모두 완료하고 간판과 브랜드의 디자인을 끝낸 후 론칭하려는데, 상표나 특허가 등록될지 안 될지도 모르고 시작해야 하는 상황이 달갑지는 않다. 그러나 여러분은 이 책을 읽었으니 당황하지 않고 미리 사업계획에 맞출 수 있을 것이다.

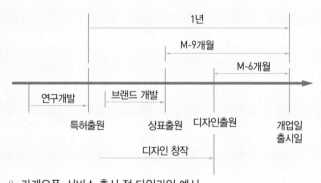

그림 4-8 **가게오픈·서비스 출시 전 타임라인 예시**

---

59 「2020 지식재산통계연보」, 특허청, 2021년 7월, 대전, 138면.

그림 4-8은 가게를 오픈하거나 서비스를 출시하기 전의 타임라인의 예를 제시했다. 사업을 준비하다 보면 이상과 같이 흘러갈 수가 없고, 브랜드 개발을 기술개발보다 일부러 미룰 수도 없는 것이 현실이다. 그러나 그림과 같은 예를 참고해서 자신의 상황에 맞게 준비하는 것과 일이 닥쳐서 허둥지둥하는 것 간에는 분명 큰 차이가 있다. 미리 준비했다가 상표가 거절된다면 오픈하기 전에 급히 대체 브랜드라도 준비해서 상표출원을 할 수 있지 않겠는가. 그리고 대략 언제쯤 변리사님한테 수임료 드리고 특허청에도 수수료를 얼마나 내야 할지 준비할 수 있지 않은가.

나아가 해외로 더 확장하는 예를 생각해 보자. 그림 4-9는 지금 개발하는 아이템이 일본에 납품이 확정되어 있지만, 미국과 중국에서는 아직 영업이 진행되고 있는 상황을 가정했다.

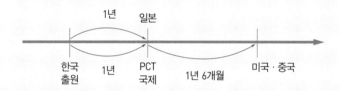

그림 4-9 해외출원 타임라인 예시

일단 일본은 확정적이니 국제출원을 할 것 없이 바로 한국 출원의 우선권을 주장하면서 일본에 출원했다. 1년 이내에만 하면 우선권을 인정받는 것이니 꼭 1년을 채우지 않고, 일본에서 특허등록을 빨리 받고 싶으면 더 일찍 해도 된다. 그리고 미국과 중국은 진출 여부가 미정이므로 PCT 출원을 통해 시간을 벌었다. 영업 담당자 또는 외국 바이어들과 긴밀하게 협의하고 예산 담당 부서와도 협의를 해서 미리 예산에도 반영해 놓아야 한다. 미국이나 중국도 그림 4-9에서 최대로 미룰 수 있는 기간인 한국 출원일로부터 30개월이 되는 날에 진입하는 것을 가정했지만, 그보다 먼저 들어가도 무관하다. 그리고 한국어로 PCT 출원을 했다면 영어와 중국어 번역이 필요하기 때문에 그 점도 감안해서 그림 4-9에서보다 더 시간을 가지고 준비해야 한다.

회사가 글로벌 진출을 염두에 두고 외국에서 특허를 받기 위해서는 해외에 외국어로 특허출원을 해야 한다. 한국어가 쓰이는 곳은 우리나라와 북한뿐이다. 북한에서 특허나 상표를 등록받을 필요성이 현재로서 많지 않으므로, 실질적으로 해외에 나의 특허를 가지고 나가려면 특허명세서를 반드시 번역해야 한다.

상표나 디자인은 글로 설명할 성질의 것이 아니지만, 특허나 실용신안은 기술 사상을 글로 설명하는 것이 핵심이다. 그래서 해외출원에서 특허명세서의 번역은 출원 업무에서 가장 큰 비중을 차지한다. 그런데 우리가 회화는 잘하지 못해도 비교적 영어는 독해도 할 수 있다. 일본어에 능숙한 사람도 꽤 있고, 상당수의 한국 변리사들은 영어와 일본어를 구사한다. 그런데 중국어라든가 제3세계의 언어들은 우리가 접근하기 쉽지 않다. 그렇다고 세계의 공장인 데다 내수 규모가 큰 중국 시장을 무시할 수 없고, 실제로 우리나라 기업이 중국에 특허를 출원하는 건수가 많아졌다. 제3세계 국가들도 점점 글로벌시장의 일원으로서 규모가 커지고 있으므로, 시장 선점을 노린다면 특허받는 일을 미룰 수 없다.

그래서 일반적으로 해외에서 특허를 받고자 할 경우의 번역 실무를 소개하면 다음과 같다. 유럽특허청을 포함하는 영어권 국가로의 출원은 한국어 → 영어 번역이 국내에서 이루어진다. 한국 특허출원을 해준 변리사에게 의뢰하면 자체적으로, 또는 자기 책임하에 외주를 통해 번역을 한다. 일본어의 경우는 우리나라에 일본어 번역자가 많고 오랜 기간의 실무 사례가 누적되어 있다. 그리고 우리나라와 특허제도나 기술용어도 매우 유사해서 영어와 마찬가지로 국내에서 번역을 한다.

그 외의 언어는 거래하는 한국 변리사를 통해 글로벌 언어인 영어 번역문을 외국 변리사에게 보낸다. 그러면 그 외국에서 영어를 보고 자기 나라 말로 번역한다. 예를 들어 이란에 특허를 신청하려면 한국어 → 영어 → 페르시아어와 같이 번역이 이루어지는 것이다. 말레이

시아나 아랍에미리트(UAE)와 같이 말레이어나 아랍어 외에 영어 번역문도 허용되는 국가도 있지만, 영어가 공용어가 아닌 나라에서는 2단계를 거치는 경우가 많다.

한편 중국과 우리나라가 수교한 지 수십 년이 지났고 경제적으로 긴밀한 관계이다 보니 한국어를 중국어로 직접 번역을 할 수 있는 서비스 제공자들이 생겨났다. 또한 중국은 조선족 중에서 특허 업무를 수행할 수 있는 인력이 과거보다 늘어나서, 예전에 비하면 특허나 상표 업무를 수행하는 데 선택 폭이 넓어진 것도 사실이다. 심지어 한국어 → 영어 → 중국어보다 한국어 → 중국어 번역이 더 저렴하기도 하므로, 구체적으로 견적을 받아보고 결정하기 바란다.

2
대표자의 권리와
법인의 권리

(1) 누구 명의로 출원해야 하지?

1인기업이고 개인사업자라면, 아직 사업을 시작하지 않았지만 혼자 아이템을 구상하고 연구하는 단계라면 할 필요가 없는 고민이다. 당연히 자연인인 내가 발명자이자 고안자이고 창작자이고, 특허청에 제출할 때 명의도 출원인이다. 물론 누군가에게 내가 생각한 아이디어와 함께 특허를 받을 권리(업계 속어로 줄여서 '특받권'이라고도 한다)를 넘기기로 했다면 발명자와 출원인이 달라질 수는 있다. 그렇지만 대개 스타트업이든 소규모 점포든 대개 발명자나 창작자가 곧 출원인이 된다. 하지만 회사가 커지면서 개발을 외주 업체에 의뢰하거나, 직원이 늘어나고 회사가 법인으로 전환하게 되면 문제가 단순하지만은 않다.

특허법에서 원칙적으로 '특받권'은 '발명자'나 그 승계인에게 주어진다(특허법 제33조 제1항). 그리고 2명 이상이 공동으로 발명하면 특받권을 공유하게 된다. 사실 여러 사람이 발명에 관여했을 때 누구까지가 실질적으로 발명에 기여한 발명자인지를 나누는 것은, 실무적으로 명확하게 할 수 있는 문제는 아니다. 다만 공동발명자인데, 누락될 경우 향후 그 특허 자체가 무효가 될 수 있는 위험을 안을 것이기 때문에 함부로 빼서는 안 된다. 공동발명이라고 해도 그중에서 특받권을 굳이 원하지 않는 발명자 가 있다면 특받권 지분을 다른 공동발명자(들)가 양수할 수 있기에, 이러 한 행위에 대해서는 가급적 계약서를 써야 하며, 계약서 쓸 여건이 안 된 다면 카카오톡 메시지로라도 받아 두는 게 좋다. 돈 되면 나중에 없던 문 제도 생기게 마련이기 때문이다. 또한 개발 업무를 외주로 할 때도 그 결 과물의 특허나 디자인출원은 발주한 나 또는 우리 회사가 갖도록 하는 것을 계약서에 명시할 필요가 있다.

아직 법인은 아니지만, 직원이 내 사업과 관련된 발명을 했다면? 원 칙적으로 특허법에서는 발명자에게 특받권, 디자인보호법에서는 창작 자나 그 승계 3인에게 디자인등록을 받을 수 있는 권리(특받권처럼 '디받권'이 라고 칭하도록 한다. 실용신안은 '실받권'쯤 될 것 같다)를 주도록 하고 있다. 그러니 직원이 발명하거나 디자인을 창작하면 그 직원이 '특받권', '실받권', '디 받권'을 갖는 것이 원칙이다. 다만 이렇게 되면 월급을 주는 사장 처지에 서는 그 직원이 사장을 상대로 고소하고 특허침해금지를 청구하면 마음 놓고 사업할 수가 없을 것이다. 그래서 발명진흥법에서는 종업원이 그가 하는 일, 즉 그 직무에 대해서 발명이나 디자인(이것을 '직무발명'이라고 한다) 을 했으면 사장이나 회사인 소위 사용자는 공짜로 그 직무발명을 사업에 쓸 수 있다.[60] 또한 발명자인 종업원은 사용자에게 발명 사실을 알릴 의

---

60 발명진흥법 제10조 및 제 1항.

무를 정해서 직무발명이 사업에 필요하다면 협상을 하거나 회사(사장)가 가져가는 대비를 할 수도 있다.[61] 예를 들어 근무 규정이나 고용계약서에서 직무발명에 대한 권리를 사장이나 회사가 넘겨받는다고 미리 정해둘 수 있다. 이처럼 승계 예약을 해두면 직원이 직무발명을 통지했을 때 매번 협상할 필요 없이 회사가 권리를 갖겠다고 알리고 가져갈 수도 있다.

다만 종업원이 발명한 것이 반드시 직무발명에 해당하는지는 그림 4-10의 단계를 통해 확인해볼 필요가 있다.

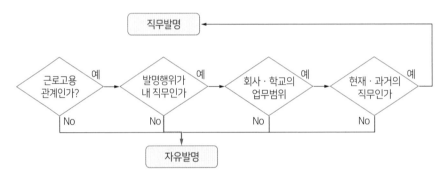

그림 4-10 **직무발명 판단**

예를 들어 내가 자그마한 가발회사(A)를 운영하는 사장이라고 하자. 영업력이 뛰어난 B 씨는 A의 가발을 대신 판매해주고 수수료를 받는 관계다. A 회사에 자주 드나들고 A의 연구원들과도 친해서 고객들의 반응으로부터 영감을 얻어 A의 가발 제품 개선 아이디어를 제시했다. 그러나 B는 A사의 지시를 받거나 출근을 하는 것이 아니라, 본인이 원하는 대로

---

61 발명진흥법 제12조 및 제 13조.

대행 업무를 수행하고 있으므로 B 씨의 발명은 직무발명이 아니다. 만일 B가 A사의 직원이라도 결론은 같다. 왜냐하면 B의 직무는 영업이지, 연구개발이 아니기 때문이다. A의 사장이 B의 연구 역량을 높이 사서 영업 대신 연구개발을 시키더라도, 연구개발은 B의 미래의 직무다. 그래서 연구개발 업무를 시작하기 전에 생각한 아이디어는 B의 자유발명이다. 반대로 B가 지금은 영업을 담당하지만, 연구개발 부서 출신이라면 가발 개선 아이디어는 직무발명으로 취급될 수 있다.

한편 회사가 커져서 법인 전환을 했다고 하자. 개인사업자 시절에는 내가 곧 회사였지만, 법인은 자연인인 사장과 법적으로 다른 사람(인)이다. 그래서 회사 명의로 특허·실용신안·디자인·상표를 출원하고 등록받을 수 있다. 그렇다면 사장이 직접 발명하고 디자인을 창작하거나 브랜드를 만들면 누구 명의로 출원해야 할까? 사장이라 해도 발명진흥법에서 정한 종업원이다. 따라서 회사 명의로 출원하면 회사를 상대로 보상금을 청구하고 받을 수 있다. 혹시 특허를 개인 명의로 출원하고 등록받는다면? 그렇게 해도 회사를 상대로 로열티를 받을 수는 없다. 발명진흥법상 직무발명에 대해서 회사가 필요 없다고 문서로 통지하지 않는 이상 회사는 그 발명에 대해 공짜 라이선스를 가지기 때문이다. 더구나 개인 명의로 특허출원이 되어 있으면 각종 공공지원사업에서 원칙적으로 회사의 실적으로 인정받을 수가 없는 데다, 투자자들이나 주주 등 이해관계자들이 횡령 또는 배임으로 문제 삼을 수 있을 것이다.

다만 특허·실용신안·디자인과 달리 상표는 조금 얘기가 다르다. 상표는 발명진흥법에서 직무발명으로 취급하지 않기 때문에 대표나 그 가족의 명의로 받는 사례가 많았다. 세월호 사건으로 유명했던 세모그룹의 유병언 회장의 자녀들 명의의 상표 사용 로열티를 회사가 지급했던 것을 떠올려 보라. 그러나 상표 사용 로열티를 너무 많이 징수하면 법인인 회사에 손해를 끼치는 결과가 되어 배임죄 문제가 발생할 가능성은 있다. 너무 많이 징수하는 것에 대해 숫자로 정해진 비율이나 규칙이 있는 것이 아니므로 세무사와 상담을 하거나 가능하면 깔끔하게 법인 명의로 출원하도록 하자.

(2) 발명자나 창작자는 어떻게 정하나?

특허법의 원칙은 발명을 한 사람에게 처음 특허를 받을 수 있는 권리를 주는 것이다(특허법 제33조 제1항). 그러다 보니 개인 발명의 상당수는 발명자 = 특허출원인(신청한 사람) = 특허권자다. 그런데 발명은 혼자 할 수도 있지만 여럿이 같이 할 수도 있다. 이때는 특허를 받을 수 있는 권리가 공유(共有)된다(특허법 제33조 제2항). 나아가 아직 특허등록은 안 됐지만 (앞으로) 특허를 받을 수 있는 권리, 조금 줄여서 '특받권'이라고도 하는 이 권리는 심사를 거쳐 등록된 특허권처럼 특허를 출원하기 전이나, 특허청에 출원한 이후로도 주고받을 수 있다(특허법 제37조 제1항). 마치 아파트나 오피스텔을 짓기 전에 분양권이나 입주권을 사고팔 듯, 특허등록이 되어 특허권이 생기기 전에 특허를 (어쩌면) 받을 (수 있을지도 모르는) 권리도 양도할 수 있는 것이다(특허법 제37조 제1항). 미래에 특허등록조차 안 될 수도 있지만 강력한 특허로 등록되어 높은 가치를 지닐 수 있는 특허도, 시작은 특받권이다. 그리고 특받권이 누구한테 있는가를 따지려면 먼저 누가 발명한 사람인지를 정해야 한다.

발명자가 누구인지를 정하는 것은 칼로 무 자르듯 딱 떨어지지 않는다. 심지어 변리사 시험에서도 별로 중요하게 다뤄지지 않는 문제다. 그렇지만 정말 그 발명이 양질의 특허가 되고, 그 특허가 사업을 성공시키는 데 상당한 역할을 했을 때는 상당히 큰 문제가 불거지기도 한다. 예를 들어 사업 규모가 아직 작던 시절에, 사장은 지시를 하고 직원이 그 지시에 따라 연구하여 등록받은 특허가 큰 성공을 했다고 하자. 사장은 '내가 실질적으로 다 발명했고, 저 친구는 그냥 자료 정리하고 실험만 보조한 건데'라고 생각하겠지만, 직원은 '사장은 큰 방향성만 정해준 거지, 이 특허의 핵심은 내가 연구하고 실험하면서 나온 아이디어인데'라고 보아서로 차이가 있을 수 있다. 설사 사장과 종업원이 서로 공동으로 발명한 게 맞다고 인정하더라도, 자신의 기여율이 더 높다고 주장할 수도 있다. 그 특허가 적용된 제품이 크게 히트해서 특허의 기여분만 수억~수백억이라면 어떻겠는가? 발명자 여부와 발명자의 지분율 1%가 결코 우스운일이 아니다.

특허·실용신안의 발명자·고안자를 정하거나 디자인의 창작자를 정할 때는 것은 '실질적'으로 얼마나 기여했는지가 기준이 된다. 단순한 보조 또는 조언은 기여라고 볼 수 없다. 그러나 세상사가 단순하지 않아서 단순 데이터 정리나 조언인지가 항상 명확하지만은 않은 데다 절대적인 기준도 없다. 발명자나 창작자인지 애매하다고 무작정 빼버렸다가는 내가 한 출원이나 등록이 자칫 거절되거나 무효가 될 수 있다. 발명자·창작자 명단에서 빠진 사람과의 분쟁에 시달릴 수도 있다.

그러니 아이디어의 착상과 디자인의 창작에 실질적으로 기여한 바가 조금이라도 있다면, 지분을 일부라도 주어서 발명자·창작자로 인정하는 것이 바람직하다. 이왕이면 그 연구나 실험, 디자인 창작 과정을 세세히 기록해서 문서로 남겨두면 금상첨화다. 전문적으로 연구를 하는 조직들은 '연구 노트'를 작성·보관하고 있다. 거창한 서식이 아니더라도 진전이 있을 때마다 연구나 실험한 내용, 참여자, 날짜를 기록하고 서명을 받아 기록하면 도움이 될 것이다.[62] 과학기술정보통신부·한국특허전략개발원이 제공하는 종이로 된 연구 노트 샘플을 그림 4-11에 제시하였으니 참고하기 바란다.

그리고 지분율에 대해서는 모든 발명자의 동의를 얻어 각 발명자의 지분율에 대한 내용을 문서로 남겨두고 서명날인을 받아 두어야 나중에 뒤탈을 방지할 수 있다. 사업 초기에는 바쁘고 귀찮다는 이유로 소홀히 하는 부분이지만, 그럴수록 잘 챙겨두어야 사업이 잘됐을 때 큰 손해를 입지 않는다.

---

62 해당 양식은 한국특허전략개발원이 운영하는 연구 노트 포털에서 내려받을 수 있다. 서면 연구 노트 템플릿을 참고하고, 사업 분야나 회사 사정에 맞게 적절히 항목을 추가하면 된다.

실험 제목	
실험 목적	

Continued from page :

Continued to page :

기록자 Written by	확인자 Witnessed or Understood by
기록일자 Date	확인일자 Date

과학기술정보통신부

kista
Korean Intellectual property
Strategy Agency

그림 4-11 **연구 노트 예시** (출처 : 과학기술정보통신부·한국특허전략개발원)

2. 대표자의 권리와 법인의 권리

필자가 어릴 때는 아날로그 텔레비전 앞에 온 가족이 모여 앉아 방송 프로그램을 시청하며 즐거워했던 기억이 있다. 그 후로 기술이 발달해서 이제는 공중파도 디지털로 송신되는 시대다. 당연히 화질도 깨끗하고 음질도 기가 막힌다. 고가에다 크기도 큰 TV나 모니터를 넘어, 손안의 휴대전화에서도 동영상이 고화질로 재생된다. 필자는 제주에 살다 보니 종종 비행기를 타고 육지로 출장을 가는데, 와이파이를 쓸 수 없는 비행기 안에서도 영화를 즐겨본다. 이렇게 고화질로 디지털 영상을 시청할 수 있는데, 중요한 것이 '코덱'이라고 불리는 영상의 압축 관련 기술이다.

서울의 A 대학교의 유명 연구자인 B 교수는 국내 굴지의 K 방송사와 S 글로벌 기업을 거치며 비디오 코덱 분야에서 명성을 쌓았다. S 기업에 다니면서 우리나라 코덱 기술 관련 특허의 취득에 기여한 바가 커서 회사로부터 억대의 보상금을 받은 적도 있었다. 그 B 교수가 S사를 퇴직한 후 A 대학에 있으면서 전 직장인 S사를 상대로 특허에 기여한 발명자 보상금을 달라는 소송을 해서 1심 법원이 60억 원을 지급하라는 판결을 내렸다.

특허업계에서는 지금까지도 크게 회자되는 사건이었는데, 당시 판결문을 살펴보면 회사가 특허 로열티로 얻은 금액은 6백억 원이 넘었고 그중 10% 정도를 B 교수의 기여분으로 보았다. 2심에서 조정이 이루어져 실제로 B 교수와 S사가 얼마에 최종 합의를 했는지는 알려지지 않았다. 그러나 S사 처지에서는 패나 곤혹스러운 일이었다.

S사가 체계가 잘 잡힌 글로벌 기업임에도 이러한 난관을 겪은 이유가 무엇일까? 곰곰이 생각해보면 종업원의 발명과 기여에 보상을 해야 한다면, 스트레스 받고 변호사 수임료가 지출되는 소송까지 가지 말고 일찌감치 적절한 보상을 하는 것이 바람직할 것이다. 아직 초기 기업이라 신경 쓸 겨를이 없다면, 한국발명진흥회의 직무발명제도 컨설팅 프로그램을 이용해 보기 바란다. 작은 회사라면 비용은 당연히 무료다.

〈출처: 한국발명진흥회 직무발명제도 컨설팅 프로그램 소개 페이지〉

2. 대표자의 권리와 법인의 권리

(3) 개인의 권리를 법인에 양도하려면

시작부터 큰 투자를 받고 법인으로 출발하는 창업 패턴도 있겠지만 다수는 개인사업자로 출발할 것이다. 그러다가 사업이 번창하여 매출과 이익 규모가 커지거나 투자를 받게 되면 자연스레 개인사업자에서 법인 사업자로 전환하게 된다. 법인이 된 후에는 법인 명의로 특허·실용신안, 디자인이나 상표를 출원하는 것이 깔끔하겠지만 상표는 직무발명[63]이 아니어서 법인을 설립한 후에도 대표자나 가족 명의로 상표를 등록받는 경우가 많다. 또한 직무발명인 특허(실용신안)나 디자인이라도 법인을 설립하기 전에 창업자나 동업자와 같은 이해관계자가 개인 명의로 보유했던 권리들의 소유관계 변경도 고려해야 한다.

법인 설립 전에 개인 명의로 보유한 권리를 넘기지 않으면 법인과의 관계에서 실시권이나 사용권처럼 법인이 권리를 쓸 수 있도록 계약을 하고 적절한 로열티를 받을 수 있다.[64] 이와 달리 법인에 권리를 양도하게 되면 법인 명의의 지식재산권 보유를 인정받을 수 있으므로 원칙적으로 정부지원사업 심사에서 유리한 데다[65], 일시금으로 법인으로부터 양도 대

---

63 발명(고안)이나 디자인을 하게 된 행위가 대표자나 임원, 직원의 직무인 경우를 직무발명 이라고 한다(발명진흥법 제2조제1호 및 동조제2호).

64 다만 적절한 로열티 수준이 아직까지 명확한 가이드라인이 정해진 바가 없기 때문에 과도 하게 책정하면 배임·횡령 문제가 생길 수 있는 점은 염두에 두어야 한다.

65 초기 창업자를 지원하는 정부지원사업들의 상당수는 대표자 명의의 특허 등을 법인의 실 적으로 인정하지만 사업마다 다를 수 있으므로 해당 사업 담당자의 확인을 받는 것이 바 람직하다.

가를 받거나 가지급금을 처리할 수 있다.[66] 법인도 양수한 권리들은 여러 해에 걸쳐 감가상각을 통해 법인세를 절세할 수 있다. 또한 법인이 매번 대표자를 비롯한 기존 권리자와 실시·사용계약을 맺거나 갱신할 필요가 없는 데다 제3자와 라이선스 계약을 하는 데도 유리하다. 특히 프랜차이즈인 경우 가맹계약을 맺을 때 가맹점 입장에서도 상표 사용에 있어서 대표자 리스크가 없으므로 신뢰도가 높아질 수 있다.

창업자 개인 명의의 상표가 법인에 어떻게 양도되는지 예를 통해 살펴보자. 국내에서 꽤 유명한 죽 프랜차이즈인 본죽의 운영사인 본아이에프가 보유한 등록상표 41-0101619호의 상표출원공고를 그림 4-12에 나타냈다.

해당 상표는 등록 기간에 무효심판 1회와 권리범위확인심판 2회를 합하여 3회에 걸친 심판과 소송사건을 겪으며 살아남은 상표다. 2004년에 등록 시에는 그림 4-12에 보이는 바와 같이 한식점경영업과 식당체인업 두 가지를 대상으로 하다가, 2008년에는 죽 전문점 경영업이나 뷔페식당업 등 6개 업종이 추가되어 본아이에프 프랜차이즈의 핵심 상표 중 하나가 되었다.

---

66 로열티로 매년 징수할 경우와 일시금을 받고 양도할 경우의 기타소득세 중 어느 쪽이 유리한지 세무 전문가와 상담할 것을 권한다.

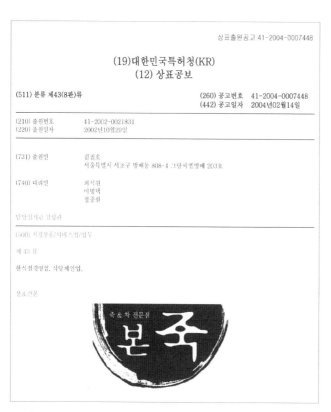

상표출원공고 41-2004-0007448

(19)대한민국특허청(KR)
(12) 상표공보

(511) 분류 제43(8판)류

(260) 공고번호　41-2004-0007448
(442) 공고일자　2004년02월14일

(210) 출원번호　41-2002-0021831
(220) 출원일자　2002년10월29일

(731) 출원인　김철호
서울특별시 서초구 방배동 808-4 그랑씨엘방배 203호

(740) 대리인　최석원
이병태
정중원

담당심사관 김성관

(500) 지정상품/서비스업/업무

제43류

한식점경영업, 식당체인업.

상표견본

그림 4-12 본죽 출원공고 제41-2004-0007448호

상표권자란	
순위번호	사항
1번	**(등록권리자)** 김철호 서울특별시 서초구... 2004년 06월 04일 등록
2번	**(권리의 전부이전등록)** 등록 의무자 : 김철호 　　　　　　　서울특별시 서초구... 등록 권리자 : 본아이에프 주식회사 　　　　　　　서울특별시 영등포구... 등 록 원 인 : 양도 등록의 목적 : 권리의 전부이전등록 2013년 05월 14일 등록

그림 4-13 본죽 등록상표 41-0101619호의 권리이전 (출처 : 키프리스 캡처)

그림 4-9의 상표권자란에 표시된 것처럼 본죽 창업주인 본아이에프 김철호 대표의 명의로 2004년 등록하였던 상표가 2013년에 이르러 본죽의 프랜차이즈 운영사인 본아이에프 주식회사로 전부 이전된 것을 알 수 있다.

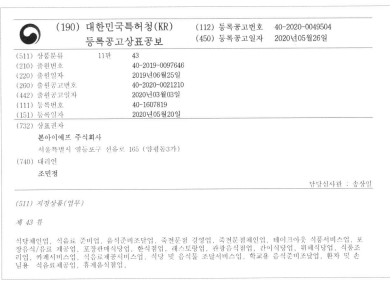

| (190) 대한민국특허청(KR) 등록공고상표공보 | (112) 등록공고번호 | 40-2020-0049504 |
| | (450) 등록공고일자 | 2020년05월26일 |

(511) 상품분류   11판   43
(210) 출원번호   40-2019-0097646
(220) 출원일자   2019년06월25일
(260) 출원공고번호   40-2020-0021210
(442) 출원공고일자   2020년03월03일
(111) 등록번호   40-1607819
(151) 등록일자   2020년05월20일
(732) 상표권자
　　　본아이에프 주식회사
　　　서울특별시 영등포구 선유로 165 (양평동3가)
(740) 대리인
　　　조민정
　　　　　　　　　　　　　　　　　　　　　　　담당심사관 : 송상일

(511) 지정상품(업무)

제 43 류

식당체인업, 식음료 준비업, 음식준비조달업, 죽전문점 경영업, 죽전문점체인업, 테이크아웃 식품서비스업, 포장유식/유료 제공업, 포장판매식당업, 한식점업, 레스토랑업, 관광음식점업, 간이식당업, 뷔페식당업, 식품조리업, 카페서비스업, 식음료제공서비스업, 식당 빗 음식물 조달서비스업, 학교용 음식준비조달업, 환자 및 손님용 식음료제공업, 휴게음식점업.

상표견본

그림 4-14 본아이에프의 새로운 등록상표와 홈페이지 사용 상표
(출처 : 본아이에프 홈페이지)

본죽 상표가 본아이에프의 핵심 상표로 수년간 사용되었다면, 비빔밥이나 개별 상품에 사용하려는 문자 상표들도 다수 보이지만 현재 본아이에프의 홈페이지에서 사용되는 대표 상표는 영문자 BON과 녹색 도형이 합쳐진 상표로 보인다. 해당 상표 중 등록된 상표 40-1607819호와 홈페이지에서의 사용 형태를 그림 4-14에 나타냈다. 등록공보에서 볼 수 있듯이 2011년 전후와 달리 출원부터 회사 명의로 이루어졌음을 알 수 있다. 이처럼 법인이 설립된 후에는 회사 명의로 출원하는 것이 자연스럽겠지만, 개인 명의의 상표를 출원하였다면 보수적으로 적정 가치를 평가하여 이전하는 방안을 고려할 수 있겠다.

3

접은 제품과
서비스는 어떻게 하나?

(1) 특허상표도 중고나라가 있다

중고차부터 명품에 이르기까지 중고시장이 없는 것이 얼마나 되겠는가. 딜러 위주의 중고시장에서부터 개인 간 거래 위주의 중고나라나 당근마켓, 번개장터까지 중고거래의 전성 시대다. 물건만이 아니라 주식이나 채권도 누군가가 새로 발행한 증권을 중고⑦로 사고파는 거래가 이루어지듯, 권리도 양도만 가능하면 중고거래가 당연히 이루어지고, 시장이 형성된다. 특허·실용신안권이나 상표권, 디자인권도 양도할 수 있는 권리이므로 알음알음으로 일대일 협상을 통한 거래, 중개인을 통한 거래와 거래장터를 통한 거래가 이루어지고 있다.

그렇지만 상장 주식과 같이 일정 조건을 갖춘 권리를 골라서 거래소에 상장시키는 방식으로 활발하게 거래가 이루어지는 장터가 있는 것은 아니다. 이는 특허가 비싼 값에 거래되고 소송이 활발한 미국이라고 해도 사정이 크게 다르지는 않다. 그러한 거래소를 만들려는 시도가 없었던 것은 아니다. 공공 부문에서는 2000년에 '한국기술거래소'가 기술 이전·평가 및 사업화의 지원을 위해 정부(50억 원) 및 민간(128.5억 원)의 자금을 지원받아 설립된 적이 있다.[67] 해당 거래소는 2009년에 한국산업기술진흥원(KIAT)에 통합된 이후 그 기능이 사라졌지만, 특허를 포함하는 기술거래에 대한 인식 개선과 기반 구축에 기여한 것으로 평가된다.

한편 2000년대 이후로는 대학이나 공공연구소, 기술지주회사, 연구개발특구 등에서 공공 기술을 사업화하기 위한 중개 조직이 등장했고, 민간에서도 특허법인 팬브릿지(2021년 산업통상자원부 지정)와 같은 기술거래 기관, 또는 기술사업화 전문회사 등이 등장하여 중개 업무를 수행하는 등 개별적인 지식재산권 거래중개(브로커리지) 업무가 이루어지고 있다.

중개업자(브로커) 외에도 공공에서 운영하는 지식재산 및 기술장터가 있는데, 산업재산권인 특허(실용)·디자인에 특화된 것으로는 특허청 산하의 국가지식재산거래플랫폼인 IP-MARKET(https://www.ipmarket.or.kr/)이 있다. IP-MARKET은 특허·실용신안과 상표(서비스표)권리, 정부 소유의 국유 특허권, 그리고 아직 특허(실용신안)를 받기 전 단계의 아이디어의 판매 정보를 검색할 수 있고, 한국발명진흥회의 특허거래전문관의 도움을 받을 수 있는 상담 예약 코너를 마련하였다.

지식재산권보다는 노하우를 포함하여 널리 기술에 초점을 맞춘 거래

---

67 손수정·안형준·강민지·김명순·이세준·임채윤, "기술사업화 정책 20년의 성과와 과제", STEPI Insight, 제271호, 2021. 4. 26., 15-16면.

그림 4-15 IP-MARKET 홈페이지

플랫폼들로는 한국산업기술진흥원이 운영하는 기술은행(NTB, https://www.ntb.kr), 기술보증기금이 운영하는 테크브릿지(https://tb.kibo.or.kr)가 있다. 지방자치단체에서는 2017년 3월에 개소한 성남시의 특허은행이 지식재산권 거래 업무를 하고 있으나 현재 해당 업무는 한국발명진흥회의 기술거래소와 연계되고 있으므로 실질적으로는 IP-MARKET의 업무로 볼 수 있다.

처음에는 필요해서 구입했던 물건이나 권리를 되팔 듯, 특허나 상표, 디자인도 연차료라는 유지비가 들어가기 때문에 나의 사업에 쓰일 가능성이 없어졌다면 누군가에게 필요한 곳을 찾을 수 있다. 권리자 자신의 네트워크를 이용할 수도 있겠지만 공공 중개플랫폼이나 공공·민간의 중개자라는 옵션이 늘어나면 거래 가능성이 높아지지 않겠는가. 중고나라에만 올리기보다 당근마켓과 번개장터에 맘카페까지 다양한 채널에 업로드하는 것이 더 빨리 팔리듯 말이다.

(2) 지분을 팔거나 세를 줄 수도 있다

특허를 받고 싶은 분들과 상담하다 보면 맞이하는 고정관념이 꼭 내가 만들어낸 아이디어를 가지고 내 손으로 특허를 받아야 한다고 생각하는 것이다. 실용신안, 상표나 디자인도 마찬가지다. 그런데 솔직히 말해서 하늘 아래 새로운 것이 없다는 말이 있듯이 인류가 수천 년 동안에 걸쳐 쌓아온 지식이 있다 보니, 새로운 데다 독창적이기까지 한 아이디어를 인정받는 것이 어디 쉽겠는가. 더구나 등기하는 것과 달리 시간도 오래 걸리는데.

입장을 바꾸어 이미 특허(실용), 상표, 디자인을 가진 권리자로서 당장 사업에 필요하지 않다면? 누군가가 파트너가 되어 나 혼자 생산하는 것보다 더 많은 물건을 만들 수 있다거나, 가맹점을 더 늘려줄 수 있다면? 내가 쓰지 않는 집을 필요한 누군가에게 전월세를 놓을 수 있고, 집의 지분만 팔 수도 있는 것처럼 산업재산권도 마찬가지다. 특허권이나 디자인권, 상표권의 지분을 팔 수도 있고, 범위를 정해서 쓰라고 빌려줄 수도 있다.

지분을 쪼개서 파는 것은 권리를 일부 양도한다고 하고, 빌려주는 것은 실시권(특허·실용·디자인)을 설정한다거나 사용권(상표)을 허락한다고 표현한다. 여기서 주의할 점이 있다! 권리를 일부만 갖고 있어도 원칙적으로 공유자는 각각 아무 제한 없이 쓸 수 있다는 것이다. 극단적으로 1%만 갖고 있는 공유특허권자가 1년에 특허제품을 1억 개 팔고, 99%를 가진 특허권자는 1천 개를 팔 수도 있다. 또한 부동산의 공유지분을 내 맘대로 팔 수 있는 것과 달리 산업재산권의 지분은 공유자 전원이 동의하지 않으면 처분할 수가 없다. 한편 빌려주는 방식에는 두 가지가 있는데, 통상실시권(특허·실용·디자인)이나 통상사용권(상표)처럼 여러 사람에게 서로 겹치도록 빌려줄 수 있는 비배타적 라이선스(non-exclusive license)가 있는 반면, 전용실시권(특허·실용·디자인)이나 전용사용권(상표)은 범위 내에서는 특허·실용·디자인·상표권자조차 맘대로 쓸 수 없고 범위가 겹칠 수 없는 배타적 라이선스(exclusive license)가 있다. 그러므로 지분을 양도하거나, 권리를 빌려주는 라이선스 계약을 체결할 때는 사업적인 판단과 더불어 전문가인 변리사의 의견을 참고하기를 바란다.

(3) 청구항 다이어트

특허를 출원(신청)할 때는 특허출원서에 명세서, 요약서와 도면을 첨부한다. 도면은 특허 내용을 설명하는 그림이고, 요약서는 특허 내용을 한 문단 정도로 요약한 내용이다. 명세서는 말 그대로 특허의 자세한 내용이 들어가며, 특허 내용의 핵심이 담긴다. 이 명세서에는 발명의 설명과 더불어 특허를 통해 보호받고자 하는 사항을 항목별로 청구범위를 적는다. 이처럼 내가 보호받으려는, 즉 특허제도를 통해 청구하려는 범위를 항목별로 적으므로 청구항이라고 부른다.

발명의 내용이 복잡하거나 광범위하면 당연히 청구항도 늘어날 수밖에 없다. 특허등록을 받을 가능성이 낮아지지만 조금 더 넓은 범위의 청구항과, 반대로 특허등록 가능성은 높지만 범위가 좁은 청구항을 고루 배치하는 것은 널리 쓰이는 출원 전략이다. 특허등록 과정은 특허청 심사관과 열심히 일하는 변리사를 내세운 출원인의 협상 과정이기 때문이다. 또한 등록한 후 특허침해자가 나의 특허가 무효라고 주장하며 대항할 때, 청구항이 여러 개면 그중 일부는 무효가 되더라도 나머지가 살아남을 수 있기도 하다. 내 특허 기술을 침해하려는 경쟁자도 당연히 청구항마다 얼마나 강력한지, 내 제품에 매칭되는지를 본다.

문제는 청구항이 늘면 그에 비례해서 수수료가 늘어난다는 점이다. 특허출원과 동시에 또는 특허출원 후에 심사청구를 할 때 심사청구 기본료 42,900원에 청구항마다 보통의 개인이나 중소기업 기준으로 13,200원 이내의 금액이 추가된다.[68] 또한 특허결정을 받으면 의무적으로 최소 3년분의 설정등록료를 내야 하는데, 보통의 개인과 중소기업 기준으로 기본료 13,500원과 청구항별 가산료로 11,700원이 발생한다.[69] 문제는 3년이 지나면 시간이 갈수록 유지비인 연차등록료가 점점 올라간다는 것이다. 중소기업 또는 특정 조건을 갖춘 개인의 경우 4~6년 차에는 매년 기

---

68 본래 기본료는 14만3천 원, 청구항별 가산료는 4만4천 원이지만 개인이나 중소기업은 기본 70%를 감면받는다. 다만 등록장애인이나 초중고 재학생, 군인, 국가유공자 등은 100% 면제, 65세 이상 고령자나 19세 이상 30세 미만은 85% 감면이고 중견기업은 30% 감면이므로 구체적인 상황에 따라 금액은 차이가 있을 수 있다.

69 최초 3년분의 등록료도 실제로는 기본료 4만5천 원과 청구항별 가산료 3만9천 원이 발생하지만 심사청구료와 마찬가지의 감면이 적용된다.

본료 2만 원에, 청구항마다 1만1천 원, 7~9년 차에는 각각 (기본료) 5만 원 + (청구항별) 1만9천 원, 10~12년 차에는 (기본료) 12만 원 + (청구항별) 2만7천 5백 원과 같이 상승한다.[70] 그러니 청구항이 많아질수록 오래된 특허는 유지 부담이 비례하여 커진다.

이러한 유지 부담은 줄이면서 특허 '건수'는 줄이지 않는 방법으로 많이 활용되는 것이 청구항의 일부 포기 제도다(특허법 제215조의2). 청구항별 가산 료가 줄어들어서 유지 부담은 줄어들면서 특허 보유 건수는 유지할 수 있어서, '건수'를 공시해야 하는 곳에서 활용하는 경우가 있다. 청구항 수가 줄어들어서 업계 속어로 청구항 '다이어트'라고 부르기도 한다. 청 구항 다이어트를 할 때 첫 번째 청구항인 제1항만 남기고 나머지를 포기 하는 관행을 자주 보게 되는데, 무작정 제1항만 남기는 것은 좋은 방법 이 아니다. 청구항 제1항은 앞에 다른 항이 없어서 독립적으로 모든 내 용이 쓰이는 독립항이다. 그리고 실무 관행상 뒤에 올 다른 독립항들보 다 가장 광범위하게 쓰여 있다. 그래서 누군가와 분쟁이 생겼을 때 상대 방의 공격으로 무효가 될 가능성이 가장 높다. 바람직한 방향으로는 권 리 범위가 제1항보다 조금 좁더라도, 무효가 될 가능성은 낮으면서 경쟁 자를 견제하는 데는 충분한 청구항을 남기는 것이 최선이다. 그러나 무 효가 될 가능성을 판단하고 경쟁자의 기술과 대비하는 작업에도 변리사 의 감정 업무 비용이 발생하게 될 것이다.

따라서 필자는 청구항 다이어트 대상인 특허의 성격을 보고 달리 접

70　중소기업에 해당하거나 발명자가 출원인이나 특허권자와 같은 경우 기준임.

근해야 한다고 본다. 예를 들어 연구개발과제의 성과물로서 오로지 실적 보고용 특허라면 기존 관행대로 제1항만 남기면 될 것이다. 경쟁자를 견제할 목적이 있는 특허라면 감정 비용과 청구항을 줄여서 향후 얻을 수 있는 비용 절감액을 비교해서 결정하면 되겠다. 하지만 청구항의 수가 많지 않다면 향후 특허 유지 비용 절감액보다 감정 비용이 더 커지는 상황이 될 수 있다. 배보다 배꼽이 더 커지면 곤란하지 않은가. 이럴 경우 회사 내부 인력, 예를 들어 특허 전담 인력이나 기술자 또는 그 둘이 협의하여 감정은 제외하더라도 어느 종속청구항 정도면 경쟁자를 견제할 수 있을 것인지를 판단한다. 그 판단을 기초로 남길 종속청구항을 정하고 나머지를 포기하는 것이다. 그렇게 함으로써 어느 정도 쓸 만한 특허로 다이어트를 하면서도 유지를 위한 연차수수료 부담은 줄일 수 있게 된다.

4
관리는 어떻게 하세요?

　　필자가 각종 지원사업의 심사위원으로 참여하면서 접했던 가장 황당한 사례는 특허 기술을 사업화하겠다고 발표했는데, 대상 특허가 유지비용인 연차등록료의 불납으로 한참 전에 소멸된 일이었다. 연차료를 내지 않아 관리 소홀로 죽은 특허는 원래 내야 할 연차료에 더하여 가산금을 내고 살릴 수는 있지만, 이는 반년까지다. 예를 들면 그림 4-16과 같은 시나리오를 생각해보자. 특허청 심사관으로부터 등록결정을 통지받고 3개월 이내에 최소 금액인 3년 치 등록료를 냈다. 3년이 되는 날까지 매년, 또는 그 이후 여러 연도분의 특허료를 낼 수 있다. 4년 차분부터는 1년 치씩 내는 경우가 많은데, 혹시 잊어버리더라도 6개월까지 3~18%의 가산금을 내고 특허료를 추가로 납부할 수 있다. 그렇지만 6개월이 지나면 아무리 더 많은 돈을 내도 살릴 수가 없게 된다. 그런데 앞서 설명한 지원사업을 신청한 회사의 특허는 연차등록료를 너무 오랫동안 내지 않아 아예 살릴 수 없는 상황이었다.

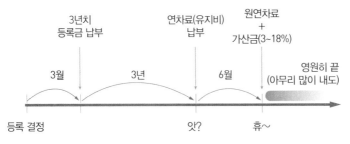

그림 4-16 **특허료의 추가납부**

발표심사 중에 필자가 이러한 사실을 발견하여 발표자인 기업 대표에게 물었더니, 본인은 몰랐다고 답했다. 특허 기술을 사업화하겠다고 발표하러 왔는데 죽은 특허인 줄도 몰랐다니, 당연히 심사위원들의 질타가 이어질 수밖에 없었다. 심사가 끝난 뒤 왜 이런 일이 발생했는지 여러 생각이 스쳐갔다. 신청 기업의 대표가 알고도 거짓말을 한 것이라면 개인의 악의에 그쳤을 것이고, 특허가 죽은 사실을 발견한 심사위원들이 심사를 잘한 것이다. 하지만 그 대표가 특허가 죽은 사실을 정말로 몰랐다면, 본인의 특허 관리에 대한 무관심 내지 무지 때문이거나 특허출원을 대리했던 변리사의 불찰 때문이었을 것이다.

특허가 죽은 원인이 본인의 무관심이든 대리인인 변리사의 불찰이든, 이러한 사태를 방지하려면 특허권자 자신도 주의를 기울여야 할 것이다. 1년에 한 번만이라도 '특허로'에 접속해서 확인해보면 된다. 법인이라 공인인증서로 확인하기가 어려우면 로그인조차 필요 없는 특허 검색 사이트인 키프리스에서 검색만 해봐도 된다. 그림 4-18은 필자가 창작해서 2019년 5월 27일에 등록결정을 받고 7월 22일 자로 3년 치 등록료를 내서 특허청에 등록한 스마트폰 케이스 디자인을 키프리스(KIPRIS)에

그림 4-17 특허로 사이트

서 조회한 화면이다. 빨간색 박스 안을 보면 2019년 7월 22일에 처음 등록할 때 가장 적게 낼 수 있는 3년분 등록료를 냈다. 따라서 2022년 7월 22일까지 4년 차 등록료를 내야 2023년 7월 22일까지 1년 연장이 된다. 변리사를 대리인으로 선임하면 대부분 그 특허법인(특허사무소)에서 연차료 납부를 알려준다. 그러나 대리인이 폐업 내지 사고를 당했다거나, 직접 등록한 경우에는 이렇게 자기가 가진 특허나 디자인, 상표번호를 키프리스 사이트에서 1년에 한 번 번호만 쳐봐도 깜빡하고 돈을 안 내서

4. 관리는 어떻게 하세요?

205

그림 4-18 키프리스(KIPRIS) 조회 화면

죽이는 일은 없다.

이렇게 설명한 정도로만 관심을 기울여도 연간 특허출원 규모가 수
십 건을 넘지 않는 대다수의 중소기업은, 깜빡해서 연차등록료를 납부
하지 않은 일은 예방할 수 있을 것이다. 웬만한 중견기업이 될 때까지는,

ERP나 전용 전산시스템 대신 MS의 엑셀이나 액세스 같은 프로그램으로도 충분히 업데이트하고 관리할 수 있다. 그것마저 번거로우면 담당 변리사에게 정기적으로 연락을 해보거나, 갱신할 때 알려줄 것을 부탁하기만 해도 된다. 특허법인에서는 매일 고객들의 사건에 관련된 기일을 점검하기 때문이다. 방법은 다양하지만 중요한 것은 지식재산권이라는 내 자산에 대한 관심이다.

PART **2**

특허·상표로
세상 읽기

다음에 소개되는 글은 그동안 인터넷 특허사이트
대한변리사회 소식지 "특허와 상표"
그리고 특허 전문 신문인 "특허뉴스"에 게재하였던
내용을 선별하여 실은 것이다.

📋 특허비용에 대한 인식 전환이 필요하다

항공모함은 한 척당 수조 원, 전투기는 한 대당 수백억 원을 지급해야 살 수 있다. 소총은 상대적으로 저렴하게 수십~수백만 원이면 구입할 수 있을 것이다. 그런데 이러한 무기들을 가지고 훈련이나 실전을 치르려면 시간이 갈수록 구매 비용에 못지않은 운용 비용과 유지보수 비용이 든다. 전시만 하려고 무기를 구매하지는 않을 것이니 당연히 생각해야 하는 비용이다.

특허가 일부 발명가나 대기업의 전유물처럼 여겨지던 시절이 있었다. 당시에는 일반인들로서는 '특허'라고 하면 막연하게 거대한 연구소에 소속된 박사급 연구원들이나 큰 회사의 기술자 정도는 되어야 발명도 하고 특허를 받을 수 있을 것으로 생각하였을 것이다.

그러나 세월이 흐르면서 특허에 대한 세간의 인식이 상당히 바뀐 것으로 보인다. 특히 전 세계적으로 특허에 대한 인지도를 높인 삼성과 애플의 소송에서, 애플이 제시한 특허·디자인의 내용은 어려운 공학 기술만 특허 대상일 것이라는 생각을 바꾸는 데 큰 영향을 주었을 것이다. 나아가 이제는 중소기업이나 소상공인이 지식재산(IP) 분쟁의 당사자가 되는 뉴스를 접하는 경우도 드물지 않다. 특허청에 따르면 2004년 74건이던 국내 특허침해 소송 건수가 2013년 1,371건으로 증가하였다고 하니 자연스러운 현상일 것이다.

그러나 필자는 상당수의 소상공인이나 중소기업들이 특허를 출원하기만 하면 모든 것이 해결될 것이라고 기대하는 경우를 자주 보았다. 이는 특허라는 소총을 사두기만 했지, 유지비에 해당하는 연차등록료 납부, 내 특허를 경쟁자의 제품과 비교해 보는 훈련, 개량특허를 추가하는 무기 성능 개량, 심판·소송이라는 실전에 투입될 운용 비용인 변리사·변호사 수임료는 생각지 않은 것과 마찬가지다. 정책적으로도 특허를 받는 것에만 치중하기보다 특허를 어떻게 잘 유지하고 활용할 것인지에 대한 홍보에도 초점을 맞추길 바란다.

📋 변리사는 왜 따져보지 않는가

1950년대부터 80년대까지의 사진을 보면 쌍꺼풀이 있는 사람이 없는 사람에 비해 매우 드물다. 요새는 20대 이상인 여성들을 보면 오히려 외꺼풀인 사람을 찾기가 어려울 정도다. 쌍꺼풀 수술은 수술로 치지도 않는다고 할 정도로 쌍꺼풀 수술 자체가 대중화되었기 때문일 것이다.

수술 축에도 끼지 못하는 쌍꺼풀 수술이지만 수술을 결심한 본인, 또는 그러한 자녀를 둔 부모는 어떤 노력을 하는가? 기능적으로나 미적으로 좋은 결과를 얻기 위해 많은 노력을 기울인다. 인터넷에서 성형외과의 평판 데이터를 검색하고, 지인들에게 추천을 의뢰하기도 한다. 병원에서 상담을 받을 때는 담당 의사의 출신 대학은 어디이고, 어느 병원에서 수련을 받았는지, 임상 경험은 얼마나 축적되었는지 살펴보고 여러 가지를 따져본 후 수술을 결정한다. 물론 비용이나 사후관리도 빠지지 않는다.

그런데 특허나 상표를 출원하고자 변리사를 선임할 때는 그냥 아는 사람이라서 내지는 주변의 추천에만 의지하는 경우를 많이 보았다. 그 변리사의 전공이 무엇인지, 수습은 어느 사무실에서 마쳤으며, 어떤 기술 분야 또는 상표·디자인을 다루었는지, 어떤 기업을 대리해왔는지를 깊이 고민하지 않는다. 통신 기술 전문 변리사인데 상표출원을 의뢰한다면 심장외과 전문의에게 성형수술을 받는 것과 마찬가지다. 병원 홈페이지에서 의사 약력은 열심히 보면서 특허출원할 때는 소속 변리사의 약력도 없는 온라인 사이트의 최저가 서비스를 찾아 저렴하게 출원했다고 흐뭇해한다.

AI가 일반화되기까지는 특허 등의 출원 업무도 전문가의 조력이 필요한 영역이다. 그렇다면 전문가 선택도 깊이 따져볼 필요가 있다. 나아가 특허사무소를 선택한 후 실무를 담당할 변리사에게도 관심을 가져야 한다. 상담한 의사와 다른 의사가 수술하는 섀도 닥터도 문제가 되지 않았는가.

📋 일본은 왜 망하지 않나

전 세계가 코로나19 바이러스로 어지러워진 지 반년이 지났다. 어느새 일본 정부의 수출 규제 문제는 관심에서 멀어진 모양새다. 그러나 이 문제는 남아 있으며 일본으로부터 수입해야만 하는 부품과 원자재도 필요하다.

일본 정부의 채무가 오래전에 1천조 엔을 돌파했다. 큰 액수지만 대부분 일본 정부기관과 중앙은행, 일본 국민 등 국내 채권자들이 구매한다고 한다. 그 구매력의 원천은 일본의 경상수지 흑자라고 할 수 있다. 일본 재무성의 발표에 따르면 2018년 경상수지 흑자는 1,922억 달러다. 그중 지식재산권 등 사용료 흑자가 238억 달러로서 12.4%를 차지하고 있는데, 이는 절대금액으로도 미국의 3분의 1 수준에 달한다. 일본이 세계 각국에 지식재산권이라는 큰 '빨대'를 꽂아둔 셈이다. 같은 해 우리나라의 지식재산무역수지는 7.24억 달러 적자를 기록했다.

얼마 전 올레길을 걷다가 월평포구를 바라보았다. 소형 선박 일곱 척만이 정박해 있는, 자그마한 포구다. 그런데 그중의 네 척은 야마하하츠도키, 두 대는 혼다, 한 대는 스즈키의 선외기 모터를 장착하고 있었다. 선외기 시장은 일본 기업의 점유율이 절반 이상이라고 한다. 국토해양부가 진행했던 선외기 관련 연구에서도 일본기업들은 주요 국가에 압도적인 특허장벽을 구축한 것으로 분석된 바 있다. 일본의 기업들이 선외기라는 소·부·장 분야에서 세계 각국에 좋은 빨대를 심어둔 셈이다.

그런데 세계 선외기 시장의 40%를 점유하는 것으로 알려진 야마하 츠도키의 시초는 악기회사의 일개 사업부였다. 그러니 개발과 자금 융통만으로도 버거울 스타트업이라 해도 해외에서 지식재산권을 관리해야 한다. 특히 로열티를 지급할 파트너를 통한 글로벌 진출을 고려한다면 미래의 '빨대'를 꽂는 노력을 피할 수는 없다. 덤으로 그 빨대는 세계 각국에서 등장할 경쟁자를 견제할 무기가 될 것이다.

📋 변리사는 어떻게 선택해야 하나

제주도를 여행지로 선택한 지인들이 필자에게 자주 하는 질문들이 있다. "공항 근처에 괜찮은 맛집이 있나요?"와 같은 맛집 추천이 빈도가 가장 높다.

그런데 맛집 추천도 쉬운 일은 아니다. 지인들의 이동경로도, 가족여행인지 또는 커플 여행인지와 같은 구성원, 그리고 개인 취향도 감안해야 한다. 그래서 모두를 100% 만족시킬 수는 없다. 그러나 식당 선택이 '적어도 망하지는 않을' 방법은 있다. 그중 하나는 식당 대신 손님을 보는 것이다. 샤방샤방한 원피스를 입은 관광객만 있는 곳보다, 공사 현장·농장 인부들이 식사하고 있다면 안심할 수 있고 소위 가성비도 괜찮을 확률이 높다.

변리사는 왜 따져보지 않느냐는 필자의 이전 기고 내용에 대해 "어떻게 골라야 할지 모르겠다."라는 반응이 있었다. 따져보라고 했지만 무엇을 어떻게 따져봐야 하는 것인지 궁금했던 것 같다. 그런데 수천 명의 변리사 중에서 우리 회사와 궁합이 최고인 전문가는 찾지 못할 수도 있다. 그러나 적어도 잘못된 선택으로 우리 회사의 지식재산권 전략이 실패할 확률을 낮추는 요령은 있다.

첫째는 특허법률사무소(특허법인)의 홈페이지를 확인하는 것이다. 홈페이지에 변리사들의 주요 이력이 기재되어 있는 것이 통상적이다. 변리 업무를 한다는데, 전문가 프로필은 보이지 않고 저렴한 가격만 표기되어 있으면 일단 의심해 봐야 한다.

둘째는 내 기술 분야의 선도기업들이 어느 변리사를 선임했는지 참고하는 것이다. 다만 장기간 신뢰가 구축된 기존 고객보다 나은 서비스를 받지 못할 가능성은 감안해야 한다. 또한 실무를 수행할 변리사가 누구인지도 확인할 필요가 있다.

필자가 생각하는 제주공항 인근의, 적어도 기본은 하는 맛집은 맥도날드인 것 같다.

📋 가게 이름은 뭘로 지을까

창업을 계획하고 준비하면서 고민에 빠지게 되는 것들 중의 하나가 상호를 작명하는 것이다. 사업의 출발이 상법상 법인이든, 동네 구멍가게든, 멋지고 세련되면서 고객의 주목을 끌 만한 상호를 고민하게 된다.

어떤 창업자는 이름난 작명소에서, 다른 창업자는 절이나 점집에서, 또 다른 창업자는 경영 컨설턴트로부터 조언을 받거나, 직접 고민하여 상호를 결정한다. 그렇게 결정한 상호로 사업자등록을 하고 명함을 인쇄하며 간판도 제작한다.

그런데 꿈에 부풀어 작명한 상호가 문제를 일으키는 경우를 종종 접한다. 특히 상호명을 상표로도 쓰다가 상표권 침해 경고장을 받고 전전긍긍하는 사장님이 적지 않다. 법인등기를 하려다 같은 명칭의 회사가 발견되어 등기를 하지 못하는 것이 오히려 다행스럽게 느껴진다.

상표침해금지 경고를 받은 대표자들은 주변인들을 통해 상표 좀 안다는 전문가들을 찾아 조언을 구하게 마련이다. 그러나 대개 뾰족한 수가 없다. 상표권자가 전문가와 사전에 상의해서 퇴로가 없다는 것을 명확하게 확인하고 권리행사에 나서기 때문이다. 간판만 바꾸고 무응답으로 넘어가고 싶어도 상표권자는 호락호락하지 않다. 과거 사용한 것에 대한 손해배상을 끝까지 받아내려고 할 수 있다.

사업을 시작한 뒤에 상호와 상표 문제로 곤란한 상황에 빠지지 않으려면 결국 예방이 최우선이다. 간판과 인테리어 공사를 발주하기 전, 상표 전문 변리사를 통해 선행 상표를 검색해보는 것이 바람직하다. 검색 결과에 따라 출원까지 이뤄지면 최선일 것이다. 또한 출원은 하지 않더라도 시공자로부터 간판과 인테리어 완공 사진이 첨부된 납품확인서를 받아 두고 잘 보관하기를 권고한다. 손님들이 SNS에 올린 인증샷을 보고 상표권자가 경고를 보내더라도, 상표 출원일보다 먼저 사용한 것을 입증하면 선사용의 항변에 유리하기 때문이다.

📋 상표검색에도 기술이 필요하다

　회사 이름을 짓고 상표등록을 신청하는 '출원'을 할 때 변리사를 선임하면 번거로움과 고민이 크게 해소된다. 물론 저가 온라인 플랫폼 대신 역량을 갖춘 전문 변리사를 선임했을 때를 전제로 한다. 상표등록 출원은 진행하지 않더라도 새로 차린 가게의 간판이 문제가 되지 않을지를 알아볼 때도 변리사에게 약간의 비용을 지급하고 상담을 받으면 불안을 해소하는 데 도움이 될 것이다. 전문 변호사를 찾으면 소장과 준비서면을 어떻게 쓸지, 관련 법령의 해석과 규정은 어떤지를 변호사 시험을 대비하듯 힘을 쏟을 필요가 없는 것과 마찬가지다.

　변리사에게 상표등록출원을 의뢰하면 변리사는 거의 30가지에 이르는 거절이유를 감안하여 등록 가능성을 판단한다. 그 과정에서 먼저 등록받았거나 출원 중인 상표들에 대한 검색 결과도 함께 제공된다. 그런데 출원 목적이든 다른 이유든 변리사에게 지급할 비용을 아끼고자 직접 선행 상표를 검색하고 등록 가능성을 판단할 때는 놓치기 쉬운 점들이 있어 소개한다.

　첫째는 특허청이 제공하는 검색 사이트인 키프리스에서 스마트기기를 이용하여 검색하는 것이다. PC 버전과 달리 검색필드를 설정할 수 없어 기능이 극히 제약을 받는다. 상표는 상표명뿐 아니라 지정상품도 중요한데 모바일 버전에서는 구분을 할 수 없다.

둘째는 상표나 지정상품은 유사 범위까지 검색해야 하는데, 비전문가는 본인이 쓰려는 칭호만 그대로 입력하는 경우가 많다. 또한 음절 수가 달라도 유사한 상표로 판단될 수 있는 점을 간과하기 쉽다. 참고로 대법원은 '자생한방병원'과 '자생초'가 유사하다고 판단한 바가 있다.

또한 칭호, 그리고 외관뿐 아니라 관념이 유사한지도 판단의 기준이 된다. 임금과 王과 KING은 발음이 달라도 유사한 상표에 해당한다.

이처럼 상표검색에는 고려할 점이 많고 법리 이해와 스킬이 필요하다. 그러므로 검색할 때 주의할 점을 감안하거나, 자신이 없다면 전문가를 찾는 것이 바람직할 것이다.

📋 특허를 왜 받으시려고요?

　　근래 국내에서 상당히 이름이 알려진 된장 제조 업체의 대표와 만난 적이 있다. 해당 업체는 유기농 된장 제조·판매업과 전통장 만들기 체험 프로그램을 10년 넘게 영위하고 있다. 해당 기업의 대표는 현재까지 다섯 건의 특허와 상표를 등록했고, 지방자치단체가 보유한 상표의 사용 계약을 맺을 정도로 지식재산권의 활용에 관심을 갖고 있었다.

　　그런데 그간 등록했던 지식재산권 세 건을 살펴보니 눈에 띄는 점이 있었다. 대표 명의의 상표 두 건은 모두 등록료 불납으로 소멸된 상태였고 특허 세 건 중의 한 건도 마찬가지였다. 소멸된 상표들은 상표의 특징적인 부분, 즉 '요부'가 해당 기업이 사용해 온 상호와 동일하고 다만 상표마다 지정상품의 명칭 하나만 추가된 형태였다. 예를 들어 ○○ 귤된장을 귤된장에, ○○ 귤고추장은 귤고추장에 각각 등록했다가 귤고추장과 귤된장의 생산을 멈추면서 존속 기간을 연장하지 않았던 것이다.

　　현재 해당 기업의 대표는 소멸된 상표의 요부인 명칭을 다수의 지정상품과 서비스업에 등록받기를 희망하고 있다. 그런데 소멸된 두 상표들의 지정상품이 모두 30류로 동일하니 체험서비스업까지 포함해도 상표출원 두 건이면 현재와 미래의 서비스 및 상품 수십 개를 포괄할 수 있다. 과거에 상품 하나마다 출원 하나씩만 이뤄진 사정을 묻기가 조심스러웠기에 정확한 이유는 알 수 없다. 다만 상표를 어떻게 활용할 것인지를 명확하게 정하지 못한 상태에서, 일단 지자체로부터 출원 비용을 지원받다 보니 그 한도 건수를 채우려다 발생한 일이 아니냐는 생각이 스쳐갔다.

또한 소멸된 특허는 그 제품을 더는 생산하지 않아 포기한 것이니 합리적인 결정이었다. 그런데 다른 아이디어로 특허등록을 희망한다기에 이유를 물으니 명확히 답을 하지 못하였다. 더욱이 식품 레시피는 타인의 침해를 알기는 어려운 반면 대표 본인의 비법만 만천하에 공개될 수 있음을 설명한 뒤, 타인의 실시금지보다는 마케팅 활용으로 생각을 정리할 수 있었다.

경영에 있어서 다른 영업활동이나 재무활동과 마찬가지로 지식재산 활동에서도 그 이유가 명확해야 지식재산권의 활용도 효과를 거둘 수 있을 것이다.

📋 이미 소멸된 특허입니다

특허 기술을 기반으로 사업화를 추진하는 기업을 대상으로 홍보, 시설이나 인증 비용을 지원하는 프로그램들을 한 번씩 보게 된다. 이왕이면 특허 기술에 기초하는 아이템이니 생존율도 높일 수 있을 것이고 특허를 활용한다는 점에서 타당하다고 본다.

필자도 종종 특허 기술 기반 사업화 지원 프로그램의 심사에 참여하곤 한다. 지원 내역들 중에는 심사위원들이 고민을 하게 하는 사례들이 있는데, 예를 들면 발명의 명칭은 사업화 아이템의 기술 분야에 속하지만 실제 내용은 관련성이 낮은 경우다. 이런 경우에는 사업화 계획이 탁월하다면 고민 끝에 지원하는 것으로 결정하기도 한다.

필자가 접했던 가장 황당한 사례는 특허 기술을 사업화하겠다고 발표했는데, 대상 특허가 등록료 불납으로 한참 전에 소멸된 경우다. 소멸 후 시간이 한참 지나 추가납부를 통해 살릴 수도 없게 된 상태였다. 심사 중 소멸 사실을 발견하여 기업 대표에게 물었더니, 본인은 몰랐다고 답했다. 당연히 심사위원들의 질타가 이어질 수밖에 없었다.

심사가 끝난 뒤 왜 이런 일이 발생했는지 여러 생각이 스쳐갔다. 신청 기업의 대표가 알고도 거짓말을 한 것이라면 개인의 악의에 그쳤을 것이고 심사위원들이 심사를 잘한 것이다. 하지만 정말로 몰랐다면, 본인의 특허관리에 대한 무관심 내지 무지 때문이거나, 특허출원을 대리했던 변리사의 불찰 때문이었을 것이다.

특허가 죽은 원인이 본인의 무관심이든 대리인의 불찰이든, 이러한 사태를 방지하려면 특허권자 자신도 주의를 기울여야 할 것이다. 구체적으로는 담당 변리사에게 정기적으로 연락을 해보는 방법이 있겠다. 또한 1년에 한 번만이라도 '특허로'에 접속하거나 무료인 키프리스에서 검색해 본다면 연간 출원 규모가 수십 건을 넘지 않는 대다수의 중소기업은 관리가 가능할 것이다. 웬만한 중견기업이 될 때까지는, ERP나 전용 시스템 대신 MS의 액세스나 엑셀 같은 프로그램만으로도 충분히 업데이트하고 관리할 수 있으니 관심을 가지길 바란다.

📋 공짜도 비용이다

　　세계에서 가장 정확한 금융 예측가이자 미래학자 중의 한 사람으로 평가받는 제이슨 솅커(Jason Schenker)가 저서를 통해 전한 메시지다. 경제학자들이 기회비용의 원리를 강조하기 위해 인용하는 "공짜점심은 없다."는 말과 결이 통하지만, 공짜를 누리는 당사자 스스로가 값을 치러야 한다는 것에 대한 직설적 표현이다.

　　조금 더 구체적으로 살펴보면 우리 주변에도 공짜 같은 비용을 치르는 예가 드물지 않다. 유튜브에서 동영상을 보려면 프리미엄 회비를 결제하든가 광고를 시청해야 한다. 프리미엄 회비를 지급하는 대신 공짜⑺를 택하여 광고를 시청하는 것은 광고주가 유튜브 플랫폼에 지급하는 광고비는 차치하고, 시청자가 자신의 시간과 노력이라는 비용을 치르는 셈이다.

　　공짜 같은 비용은 지식재산(IP) 서비스에서도 예외가 아니다. 회계, 세무 등 다른 전문가서비스업과 마찬가지로 변리 서비스에서도 무료 상담을 찾기 어렵지 않다. 무료 상담뿐 아니라 심사관의 거절이유통지에 대응한 후나 등록결정이 된 후에 성공보수를 받지 않는다는 광고도 볼 수 있다. 그런데 무료 상담과 무료 대응은 정말 공짜인가? 필자는 그렇지 않다고 본다.

공공기관에서 변리사를 채용하여 무료 변리 상담을 제공하는 것은 급여의 형태로 정부가 비용을 지급하는 셈이다. 이와 달리 개업변리사가 무료로 제공하는 서비스는 종국적으로 고객을 락인(lock-in)하는 방향성을 갖게 될 가능성이 더 높다. 예를 들면 "이 아이디어는 특허출원하지 않고 비밀로 유지하는 것이 좋다."라고 조언하는 대신 특허출원을 권하거나, 심사관의 거절이유에 더 적극적으로 반박할 동기가 줄어드는 구조가 되기 때문이다.

전문가의 식견과 시간이 가치를 지니는 점을 감안하면, 비용을 치를 때 전문가 서비스가 제대로 이루어질 것은 명약관화하다. 그러므로 서비스 일부가 공짜라면 어딘가에 그 비용이 전가되는 것도 예상할 수 있을 것이다. 공짜가 무조건 나쁜 것은 아니지만 공짜도 비용이다.

📋 제 아이디어가 특허가 될까요?

변리사뿐 아니라 특허업계에 종사하는 사람이라면 누구나 들어봤을 법한 질문이 있다. "내가 이런 아이디어가 있는데, 특허가 가능할까?"라는 것이다. 답하기 조심스러우면서 고민을 많이 해야 하는 질문이다.

여기서 특허가 된다는 것은 두 가지 의미를 갖는다. 하나는 이것이 특허법 제2조 제1호와 제29조 제1항 본문에 규정된 발명의 '대상적격'에 관한 것이다. 현장에서 접하는 사례로는 교육 관련 종사자들이 커리큘럼이나 교습법을 특허로 보호받을 수 있는지 문의하는 경우가 있는데, 순수한 인간의 정신활동에 해당하여 대개 특허의 대상이 되지 않는다. 다만 이러한 경우라도 기술적 난도가 있는 컴퓨터 기술로 구현하면 달리 판단할 가능성은 있다.

특허가 된다는 것의 두 번째 의미는 특허법 제29조 제1항 각호 및 제2항에서 각각 요구하는 신규성과 진보성에 관한 것이다. 실무적으로는 이 발명이 심사관에게 새롭고 진보적인 것으로 인정받아 특허등록을 받을 수 있을 것인가를 뜻한다. 특허가 되겠느냐는 질문의 대부분은 이러한 두 번째 의미에 관한 경우다.

그런데 경험 많은 변리사도 말만 듣고 신규성이나 진보성을 판정하기란 거의 불가능하다. 병원에 비유하자면 MRI나 엑스레이 촬영도 없이 의사가 얼굴만 보고 몇 기 암인지 알아낼 수 없는 것과 마찬가지다. 국내외 선행 기술에 관해 시간을 들여 검색 후 종합적으로 판단해야 하는 일이다(당연히 비용이 발생하고 틀릴 확률이 있다).

아이디어를 가진 입장에서 최적의 방안은 장고하기보다 출원을 서두르는 것이다. 내가 '될까?', '말까?' 하고 고민하기보다 특허청 심사관에게 판단을 맡기면 된다. 물론 만만치 않은 비용이 발생한다. 하지만 내 아이디어가 수억 내지 수십억짜리라는 확신이 있다면 변리사 수임료 몇백만 원이 아깝겠는가.

📋 제 작품을 디자인등록 받고 싶은데

COVID-19가 세계 경제를 강타한 지 1년이 넘었다. 감염병 여파로 피해를 본 시민과 기업이 많지만, 특히 소상공인들에 집중된 것으로 보인다. 그 어려움 속에서도 더 나은 내일을 꿈꾸며 새로운 형태의 제품과 사업을 기획하려는 움직임을 종종 보는데, 소상공인들은 특허보다 상표나 디자인에 관심이 많은 편이다.

그런데 지식재산권(IP) 전담 조직이 갖추어진 기업과 달리 소기업 및 소상공인들로서는 IP 관련 지식이 부족하다 보니, 본인의 기획 결과물이나 창작물을 어떠한 권리로 보호받아야 하는지 명확히 설명하지 못하는 것이 보통이다. 이야기를 듣노라면 도형, 기호, 형상, 폰트, 저작물 간은 물론이고 브랜드, 상표, 디자인, 저작권과 특허까지 용어를 섞어 쓰는 것이 다반사다. 그러나 창작 내용과 사업의 종류에 따라 적합한 권리가 다르다.

먼저 상표와 디자인을 구분해야 한다. 그 형태가 문자나 기호, 또는 창작(디자인)한 도형이든 내 비즈니스(상품)를 남의 것과 구분하려고 쓰는 것은 상표다. 특히 상표는 어느 상품(서비스)에 붙일 것인지도 매우 중요하다. 이는 삼성을 전자제품판매업자가 사용하면 위험하겠지만 삼성공인중개사무소는 심심찮게 보이는 점만 보더라도 명확하다.

한편 디자인보호법에 따른 디자인은 기본적으로 '물품'의 형상 내지 모양에 관한 것이다. 2차원 형태의 캐릭터를 창작한 것만으로는 저작권 법상의 저작물은 될 수 있겠지만, 디자인보호법이 보호하는 물품이 되려면 예컨대 컵이라든가 인형과 같이 물품이 지정되어야 한다.

창작의 결과물이 상표, 디자인, 저작물이나 부정경쟁방지법상의 표지나 상품 형태 중 어느 하나 또는 복수 권리의 대상일 수 있다. 그러나 권리의 종류에 따라 보호 방법이나 손해배상액이 달라질 수 있으므로, 전문가의 도움을 받아 최적의 방안으로 가능한 한 두텁게 보호받는 것이 바람직할 것이다.

🗒 지원사업 뭐 없나요?

연초가 되면 정부 각 부처에서 다양한 지원사업을 공고한다. 2020년 과 2021년은 COVID-19라는 특별한 사정으로 새로이 추가되거나 기간 이 연장된 사례도 있어 더욱 다양해졌다. 중앙정부뿐 아니라 지방자치단 체의 지원까지 합하면 개수가 너무 많다 보니 각자에게 적합한 지원사업 의 큐레이션을 해주는 서비스가 있을 정도다.

지식재산권(IP) 분야로 한정하여 정부·지자체 등의 지원사업이나 프 로그램(이하 '지원사업')을 살펴보면 크게 산업재산권 출원 지원, IP R&D 지 원과 분쟁 관련 컨설팅으로 구분할 수 있다. 형태나 세부 사항은 다양하 지만 크게 세 가지 범주에 속할 것이다.

업력이나 기업 규모가 일정 수준에 이른 경우에는 IP R&D나 분쟁 관 련 컨설팅에 관심을 갖지만, 초기 사업자나 소상공인들이 가장 선호하 는 것은 아무래도 출원(비용) 지원이다. 이러한 출원에 관련된 변리사 수 임료가 외국과 비교하면 상대적으로 낮더라도 소상공인과 초기 기업에 는 취득 효과와 대비하여 선뜻 투자하기가 부담스러울 수 있다 보니 출 원 비용을 아낄 방법을 찾게 마련이다.

적절한 시기에 지원사업에 선정되어 출원 비용을 아끼는 혜택도 누 리면서 권리도 충실하게 획득한다면 더할 나위가 없을 것이다. 그러나 세상일에는 일장일단이 있음을 염두에 두어야 한다. 먼저 금액이 적든 많든 다수의 서류 작업이 수반되고, 사업 기간 전후에 걸쳐 각종 보고요청을 받을 수 있다. 또한 사업 주관 기관 및 부처의 규정에 따라 예산이 집행되어야 하기에 업무를 수행할 변리사 선택과 집행 금액에 제약이 있을 수 있다.

이처럼 독이 될 수도 약이 될 수도 있는 지원사업의 효과를 최대화하려면, 지원사업에 수반되는 추가 업무와 제약들을 염두에 둘 필요가 있겠다.

📋 내 아이디어는 이게 아닌데

　머릿속에서 구상한 아이디어를 말과 글로 표현하는 것은 정말 어려운 일이다. 기막힌 아이디어가 있다면서 상담을 요청하는 개인 다수가 흥분에 찬 목소리로 본인의 아이템을 자랑하지만, 구체적으로 설명할 수 없는 일이 다반사다. 당연히 글과 그림으로 표현하기를 요청받았을 때 척척 써 내려가는 경우는 드물다. 그러나 타인의 도움을 받더라도 글로 표현할 수 없다면 완성된 아이디어라고 보기 어렵다. 나아가 특허든 영업비밀이든 아이디어를 보호받으려면 문서로 작성하는 일은 피할 수 없다.

　글과 그림으로 표현하기가 어려우니 변리사와 상담했다가 수임료를 절감하고자 직접 작성한 특허출원서와 명세서에는 곳곳에 하자가 있을 수밖에 없다. 명세서를 직접 작성하는 대신 변리사를 선임한다고 해도 발명자 자신의 관심이 없다면 온전하게 진행되지 않는다. 발명자와 상담한 변리사나 실무자가 초안을 보내왔을 때 적극적으로 피드백을 하고 의견을 교환하지 않으면 배가 산으로 가기 십상이다. 출원 완료 후 한참 세월이 지나서야 내 발명이 이게 아니라고 한들 이미 돌이킬 수 없는 노릇이다.

　그런데 명세서 초안을 적극적으로 검수하려 해도 어디부터 시작해야 할지 난감할 것이다. '우리 회사 특허관리'를 제외하면 발명자 처지에서 명세서 검토 방법을 담은 저술이나 교육이 국내에 없으니 자료를 찾아

보려 해도 알기가 어렵다. 다만 일반인 발명자 처지에서의 팁을 언급하면 먼저 청구범위에 글로 표현된 내용을 백지에 그려보기를 바란다. 만일 구성 요소들 사이의 결합 관계가 비어 있거나 빠진 구성 요소가 있는지를 확인하면 된다. 그러고 나서 청구범위에 기재된 내용이 발명의 설명과 도면에 모두 잘 적혀 있는지 확인하도록 한다. 이와 같이 검토한 후 내 생각과 다르거나 빠진 부분이 있다면 명세서 초안을 작성한 담당자에게 수정과 보완을 요청하면 특허출원된 발명 내용이 내 생각과 달라지는 것을 상당 부분 방지할 수 있을 것이다.

📋 사업계획과 지식재산권 스케줄링

사업을 시작해 한참 영업하다가 경고장을 받고서야 찾아오는 경우에 비하면 훌륭하지만, 가게를 오픈하기 직전에서야 '우리 가게 이름도 상표로 좀 챙겨야지'라고 생각하는 경우에도 난감할 때가 종종 있다. 당장 다음 달에 개업식이고 간판도 주문했는데, 상표등록을 받는 데 얼마나 걸릴지 몰랐기 때문일 것이다. 더욱이 타인이 그 상표를 선점하기까지 했다면 이미 만든 간판을 내려야 하는 불상사가 생기기도 한다.

산업재산권 출원 업무는 부동산 등기와 달리 리드타임을 꽤 길게 잡아야 하는 일이다. 다른 창업자들이 제품과 서비스 개발 단계에서부터 산업재산권 출원을 했고, 그 건들이 내 앞에 가득 줄 서 있다. 그나마 우리나라는 심사가 빠른 편이고, 해외에서는 출원 후 몇 년이 지나 잊어버릴 때쯤 소식이 들려오기도 하니 특허청을 탓할 일도 아니다. 급하니까 우선심사를 신청한다 해도 8개월 내지 16개월 걸릴 심사가 서너 달 이내에 이루어질 뿐, 당장 다음 주에 결판이 나지는 않는다.

어찌어찌 출원을 했더라도 사업계획, 특히 연구개발 로드맵과 현금흐름표에 지식재산권(IP) 획득 및 관리계획도 반드시 제대로 반영되어야한다. 우리나라에 특허출원 후 10개월 정도 지나 담당 변리사로부터 해외 출원 시기가 다가온다는 알림을 받으면 "벌써요?"라고 반응하는 사람도 적지 않다. 해외 진출 계획이 있어 특허는 일단 PCT 국제출원으로 시간을 벌었는데, 결국 수출한 나라는 1개국뿐이었다면 국제출원 비용이 아깝게 될 수도 있다.

　산업재산권 출원은 제품을 출시하고 사업을 시작하기에 앞서 이루어져야 하고, 해외 진출까지 고려한다면 우선권주장기간을 고려해서 더 정교하게 스케줄링해야 한다. 사전에 자금계획 그리고 연구개빌계획과 함께 정비되지 않으면 허둥지둥하느라 기간은 놓치고 비용은 더 들어갈 수밖에 없다는 점을 감안해야 한다.

📋 설계가 바뀔 때

사업을 준비하면서 특허출원을 마친 초기 창업자의 발명이 실제로 제품이나 서비스로 출시될 때까지 처음에 떠올렸던 아이디어의 내용 그대로 유지되지 않는 경우가 많다. 본인은 세상에서 최초로 한 발명이라고 생각했는데 이미 더 나은 기술이 출원 전에 개발되어 추가개량을 할 수도 있고, 심사 과정에서 특허청 심사관으로부터 거절이유통지를 받고 보정을 할 수도 있다. 그리고 원하는 권리범위대로 특허등록은 받았지만 시제품이나 금형을 만들어 보니 변형이 필요하거나 생산 공정 문제로 설계를 바꿔야 하는 일이 다반사다.

운 좋게 출원하기 전에 설계변경의 필요성을 파악하고 이를 반영하여 출원하면 좋겠지만, 출원 후에 불가피하게 설계변경이 이루어져야 한다면 어떻게 할 것인가? 대표적인 대응 방법으로는 1) 명세서를 보정하거나 출원을 분할하는 방법 또는 2) 우선권주장을 포함하는 출원을 하거나, 별도의 특허출원을 하는 방법을 고려할 수 있다.

바뀐 설계가 다행히 최초의 특허출원 명세서에 포함되어 있다면 청구범위를 보정하거나, 별도의 출원으로 분할하는 방법을 생각할 수 있다. 심사 진행 상황에 따라 보정의 범위 제한이 다르고 비용이나 관리의 편리성을 함께 고려하여 담당 변리사와 상의하여 선택하면 된다.

바뀐 설계가 아쉽게도 출원명세서의 최초 명세서에 담겨 있지 않다면 우선권주장출원을 하거나 새로운 별도출원을 고려해야 할 것이다. 두 가지 방법은 모두 새로운 출원이 생겨나는 것이지만, 우선권주장출원은 시일이 지나면 앞선 출원이 자동으로 취하되는 반면, 별도로 출원하는 선택은 두 가지 설계를 담은 출원 절차가 계속 진행된다는 차이가 있다. 불가피하게 설계변경을 하였지만 향후 최초의 설계대로 제품·서비스를 출시할 수 있게 되거나, 기술 트렌드가 변화하여 유용한 특허가 될 가능성이 있다면 별도출원이 유리하지만, 최초 출원 이후 제3자가 동일한 발명 내용을 특허출원했을 때, 후에 이루어진 별도출원이 거절될 위험도 존재한다. 따라서 이 경우에도 업계의 기술 동향을 감안하여 담당 변리사와의 면밀한 검토를 거쳐 대응 방안을 선택해야 하겠다.

📋 좋은 특허는 무엇인가

좋은 특허가 무엇인지에 대해서 필자는 속된 표현을 빌리자면 '돈이 되는 특허'라고 본다. 자본주의 사회인지를 불문하고 돈이 되는 것을 좋아하지 않을 사람이 누가 있느냐고 반문할 수 있겠지만, 이상하리만치 특허에 관해서는 돈이 되지 않아도 좋은 너그러운 출원인과 특허권자가 드물지 않은 것 같다.

여기서 돈이 된다는 것은 특허권자가 타인의 특허 기술 실시에 대한 손해배상이나 로열티를 받음으로써 현금 수입을 직접적으로 창출하는 경우뿐 아니라, 내가 가진 특허 기술을 회피하느라 더 비싸거나 비효율적인 기술을 채택하게 하여 시장에서 타인 대비 경쟁우위를 얻는 것을 말한다. 즉 내 기술에 더 부합하는 것보다는, '남이 쓰고 싶어 하는' 특허가 좋은 특허의 필요조건이라고 할 수 있다.

특허를 보유했다는 사실을 홍보물에 표시하거나, 각종 지원사업 발표평가에서 지식재산권(IP)을 잘 모르는 심사위원들에게 좋은 인상을 주는 것으로 충분한 특허권자라면 그 자체가 좋은 특허일 수는 있다. 그러나 시장에서의 경쟁무기를 원한다면 돈이 될 특허에 집중해야 한다.

홍정민 의원실에 따르면 정부출연연구기관 특허의 38%가 낙제 수준이었다고 한다. 컴퓨터에 의한 평가라서 100% 신뢰할 수 있는 결과는 아닐지라도 정부출연연구기관과 대학에서 연구과제 '실적용' 특허를 찍어내는 관행에 따른 결과임을 짐작할 수 있다. 이러한 실적용 특허를 만들수밖에 없는 이유 중 하나는, 연구기관으로서는 기업과 달리 경쟁자인

'남'이 불명확하기 때문이다. 반면 기업의 경우에는 경쟁자가 비교적 명확하다. 특허를 통해 견제할 대상이 명확한데도 기업이 좋은 특허를 갖지 못했다면, 경쟁 회사가 아닌, 우리 회사 사업 부서나 우리 회사 연구소의 기술에만 초점을 맞추어 특허명세서가 작성되는 것이 상당히 큰 원인일 것으로 보인다.

특허권은 회계상 상각이 이루어지고 고정비인 연차료도 발생하는 자산이다. 그러므로 정부의 수입을 풍족하게 하려는 자선사업가가 아닌 이상 돈이 되는 특허를 만들어야 하며, 그러기 위해서는 내가 아닌 경쟁자의 관점이 필요하다.

특허 평가 방법의 전환이 필요하다

　　앞선 글에서 필자가 생각하기에 '좋은 특허'는 돈이 되는 특허라고 하였다. 그러한 관점에서 본다면 특허를 평가할 때 가장 정확한 평가는 가액, 즉 돈으로 따져서 얼마짜리인지를 알아보는 것이다.

　　한편 과학기술정보통신부가 제시한 국가연구개발사업 표준 평가지표를 비롯하여 다수의 평가 기준에서 정량평가 대신 정성평가를 권고하였다. 아울러 각종 지표의 점수를 통계적으로 처리하여 등급을 산출하는 서비스를 이용하도록 유도하고 있다. 이러한 정책 방향의 기저에는 특허를 수익 창출을 위한 법적 권리로 바라보기보다는, 피인용 횟수 등 논문과 같은 학술적 진보의 잣대를 적용하려는 철학이 깔려 있다고 본다.

　　그러나 특허와 논문은 애당초 지향점이 다르니 특허 평가에 등급제 평가 방법을 채택하는 것이 옳은지는 의문이다. 공공연구개발 과제의 성과인 경우는 차치하고, 회사 내부적으로 특허를 관리하면서 등급제 평가를 채택하는 것은 재고해야 할 관행으로 본다. 비록 등급제 평가에 비해서 어려움이 있더라도 가능하면 금액으로 특허의 가치를 표상하도록 하는 것이 바람직할 것이다.

　　금액으로 특허의 가치를 평가하는 데 있어서도, 오늘날의 방법론에는 문제가 있다. 현재 널리 활용되는 특허가치 평가 방법들의 다수는 폐기되거나 크게 수정되어야 한다. 이들 방법론이 기업가치평가방법론을 일부 수정한 것이어서 특허제도의 특성을 전혀 반영하지 못하여 효용이 크게 떨어지기 때문이다. 필자의 생각으로는 표준특허와 같이 로열티 수입이 발생하는 특허는 현금흐름을 할인하는 방법론이 유지될 수 있다고 본다. 그러나 현금흐름이 발생하지 않는 특허는 가상의 경쟁자와 가상의 소송전을 벌인다고 가정하고, 특허 내용부터 승률, 변리사 등 대리인 선임 비용과 인지대까지 모두 감안하여 시뮬레이션을 해본 결과치를 채택하는 방식으로 특허가치 평가의 방식이 바뀌어야 한다고 생각한다.

📋 내가 먼저 쓴 이름인데

특허청에 따르면 전염병 유행으로 인한 어려운 경제 여건에도 불구하고 상표를 포함하여 올해 상반기의 지식재산권 출원 건수는 전년 동기보다 12.3%나 늘어났다고 한다. 코로나가 한참 맹위를 떨치던 작년에도 연간 출원 건수가 9.1%나 증가했다고 하니 산업재산권의 출원 증가는 다른 모든 경제 분야의 실적보다 월등히 앞서는 것으로 보인다. 특히 상표권의 경우 올해 상반기의 출원 건수가 전년 동기 대비 18.9%나 늘어나는 비약적인 상승세를 보였다고 한다.

대조적으로 실물경제를 살펴보면 역병이 창궐한 이래 수출기업이나 일부 대기업과는 달리 자영업자 등 소상공인들이 가장 힘든 상황에 놓여 있는 것으로 보인다. 그런데 소상공인들이 지식재산권과 관련하여 긴급하게 상담을 요청하는 경우들 중에는 상표권침해금지를 요구하는 경고를 받았을 때가 많았던 점을 떠올려 보면, 작년부터 크게 늘어난 상표출원이 소상공인들을 더욱 힘들게 하지 않을까 하는 우려가 생긴다.

상표권 침해금지 경고에 대응하는 가장 좋은 방법은 사업을 시작하거나 제품 출시에 앞서 조사하고 상표등록출원을 마치는 것이다. 하지만 상표 확보에 신경을 쓰지 못하고 장사를 시작하는 경우가 다수이다 보니 경고장을 받으면 속수무책이라고 생각하기 쉽다. 그러나 장사를 한 지 오래된 경우라면 대응할 방법 몇 가지를 소개하고자 한다.

첫 번째 대응 방법은 가게 간판에 걸린 호칭이 내 상호나 이름을 그대로 쓴 경우라면, 상표권 효력이 제한된다는 항변을 하는 것이다. 다만 부정경쟁의 목적이 있다는 이유로 받아들여지지 않을 가능성이 있으니 주의해야 한다. 다른 방법은 경고장을 보낸 상표권자보다 내가 일찌감치 써왔던 가게 이름이란 점을 입증하는 것이다. 나아가 내 사업이나 가게가 지역에서 꽤 인지도를 얻은 경우라면, 상표권자가 부정경쟁방지법상의 부정경쟁행위를 하는 점을 들어 역공을 하는 것까지도 고려해볼 수는 있겠다. 간판을 주문했던 거래명세서라든가 언론 보도 내용을 수집해 보관하는 것이 도움이 된다. 아무쪼록 상표출원 증가 추세에 따른 억울한 피해가 발생하지 않기를 바란다.

📋 디자인? 브랜드? 상호? 상표?

　　지식재산권에 익숙지 않은 일반인으로서는 자신의 창작을 무엇으로 보호해야 할 것인지 혼란스러운 경우가 많다. 필자가 상담을 하면서 겪는 바로는 로고, 디자인, 브랜드와 상표가 뒤섞여 쓰이는 것은 흔한 일이고 디자인 보호와 실용신안제도를 혼동하는 경우도 보았다. 나아가 저작권 등록을 특허청에 해야 하는지 아니면 다른 기관에 해야 하는지 잘 모르는 경우도 꽤 보았다.

　　그간 일본식 표현인 의장법을 디자인보호법으로 바꾸는 것을 포함하여 현실에 제도를 맞추려는 노력을 많이 해왔다. 그럼에도 현대사회에서 접하는 현상이나 제도가 복잡해지다 보니 일부 혼란은 불가피하므로, 다소 지루하겠지만 지식재산권의 종류를 간단히 소개하고자 한다.

　　먼저 상호와 상표의 구분을 예로 들자면, 삼성전자주식회사는 상호이고 갤럭시는 상표다. 비바리퍼블리카는 상호이고 토스(금융앱)는 상표다. 태생적으로 상호는 문자로 된 호칭으로 이루어질 수밖에 없는 반면, 상표는 문자뿐 아니라 도형 자체, 또는 문자와 도형이 결합될 수 있다. 도형을 활용하여 디자인할 경우 로고로 불린다. 상호는 법인의 경우 당연히 등기소에 등기하지만, 개인의 경우 등기는 선택이다. 반면 상표는 특허청에 출원(신청)하고 심사를 거쳐서 등록한다.

한편 물품의 형태나 폰트(글자체)를 창작한 것이 디자인보호법에 규정된 디자인이다. 상표를 디자인했다고 할 때의 디자인은 창작행위를 말하지만, 법령에 따른 디자인은 폰트나 화상이라는 예외를 제외하면 반드시 물건에 관한 것이어야 한다. 예를 들면 아파트는 가구마다 거래 대상이 되는 상품이므로 상표등록의 대상이지만, 물품은 유체동산이어서 부동산인 아파트는 디자인등록이 되지 않는다. 따라서 래미안은 상표등록을 할 수 있지만, 래미안아파트는 디자인등록을 할 수 없다. 대신 아파트의 외관의 미적 형상이 창작적 표현을 갖춘 것이라면 건축 저작물로서 저작권법상의 저작물은 될 수 있다.

📋 그래도 비용이 부담돼요

필자는 이전 기고를 통해 싼 게 비지떡일 수 있으며, 공짜도 결국 비용이라고 주장했다. 나아가 출원 비용을 보조해주는 공공지원사업의 수혜자가 되는 경우에도 반대급부가 있을 수 있다고 하였다. 무조건적인 비용 절감은 써먹을 수 없는 특허의 원인이 될 수 있지만, 여기서는 품질을 과도하게 희생하지 않으면서 비용도 절감할 수 있는 요령을 소개하고자 한다.

특허출원 단계에서 발생하는 비용은 변리사 수임료와 특허청 수수료(관납료)로 나눌 수 있다. 이 중 수임료는 변리사마다 수가가 다르고 협의에 따라 정해지는 것이지만, 관납료는 공통이다. 관납료의 경우 상표를 제외하면 특허·실용신안과 디자인은 출원 단계에서 발생하는 출원료 등이 감면될 수 있다. 중소기업은 50%, 개인은 기본 70% 감면이 적용되지만 연령이나 신분, 장애 및 유공자 여부에 따라 85~100% 감면도 가능하다. 따라서 기본 70%보다 더 감면될 수 있는지, 선임한 변리사를 통해 확인해 볼 필요가 있다.

특허·실용신안은 명세서 작성 후 최종 출원에 앞서 청구항을 확정하게 되는데, 청구항 개수에 따라 심사청구료가 늘어난다. 청구항 수가 너무 적어도 발명의 다양한 측면을 표현하기 어렵지만, 내 발명 내용에만 천착하느라 타인이 침해하지 않을 것 같은 사항을 종속항으로 추가할 필요는 없다. 또한 거절될 것이 뻔할 정도로 너무 넓게 독립항을 작성하는 것도 지양해야 할 관행이다. 그러한 경우에는 보정한 후에 심사청구를 하면 된다.

등록한 후에도 보유한 특허가 활용되지 않는다면 과감히 포기하거나 제3자에게 팔아서 비용을 절감할 수 있다. 이와 달리 특허는 보유하면서 비용 부담을 줄이는 방법으로는 청구항 일부포기제도가 있다. 특허는 등록 후 시간이 지날수록 등록을 유지하기 위한 청구항별 연차료 부담이 기하급수적으로 늘어나게 되는데, 청구항을 면밀히 검토해서 연차료 납부 전 일부를 말소등록하면 비용을 줄일 수 있다. 실무상 종종 독립항인 제1항만 남기기도 하지만, 바람직한 것은 아니며, 기술 트렌드나 경쟁 상황을 감안하여 적절한 청구항을 남기기를 권한다.

📋 특허는 미국으로, 상표는 중국으로

예로부터 흔히 들었던 말들 중에 사람은 태어나면 서울로 보내고 말은 제주도로 보내라는 말이 있다. 사람이나 말이나 각각의 상황에서 더 나은 환경이 갖추어진 곳으로 감으로써 기회를 가질 수 있을 것이라는 이유에서 나온 이야기일 것이다. 이와 유사하게 지식재산(IP) 업계에서는 특허는 미국으로, 상표는 중국으로'라는 말이 회자되었다. 여기서 두 가지 이야기가 라임은 비슷하지만 상황은 다소 다르다.

특허가 미국으로 가야 한다는 것은 사람이나 말이 각각 서울과 제주로 가는 것처럼, 특허를 공격적으로 활용할 기회를 잡고자 미국으로 향한다는 면에서 공통점이 있다. 글로벌시장에서 차지하는 비중이 크고 특허제도가 잘 정립되어 있는 데다, IP가 잘 보호되는 나라이기에 미국특허 취득을 통한 기대효과가 크기 때문일 것이다.

이와 달리 상표가 중국으로 가야 하는 이유는 과거 우리나라 기업들의 상표가 중국기업이나 상표 브로커들에게 선점당해서 한국기업들이 중국에서 사업을 할 때 상당한 애로를 겪었기 때문으로 보인다. 더욱이 지리적으로 가까운 데다 규모가 큰 중국시장을 포기할 수 없는 우리나라의 산업 구조를 고려할 때 일반소비재나 음식료 분야의 사업자라면 초창기부터 중국 상표를 취득하는 데 신경을 써야 한다. 중국 상표법이 개정되어 악의적 상표 선등록 규제가 강화되고 우리나라 기업들이 심판을 통해 상표를 되찾는 사례도 늘어난 점은 다행스럽지만, 문제가 생기기 전에 방어하는 것이 바람직하다는 점에는 두말할 필요가 없다.

나아가 특허가 미국뿐 아니라 중국으로도 진출해야 할 이유가 추가되었다. 우리나라 기업이 중국에서 활발하게 소송을 진행해서 중국기업으로부터 손해배상을 받은 사례가 소개된 바 있다. 또한 중국의 알리바바나 그 자회사인 동남아의 라자다와 같은 전자상거래 플랫폼은 그 거래액도 크게 증가한 데다 방대한 데이터와 AI를 활용하여 IP 보호에 앞장서고 있는 상황이기 때문이다. 아무쪼록 해외 진출을 염두에 두고 있다면 미리 신경 써서 실기하지 않기를 바란다.

📋 특허, 이래서 받으려고요

특허가 필요한 이유가 명확하지 않은데도 일단 보조금을 받고 보자는 생각에 크게 필요하지 않은 특허를 출원하는 것은 시간과 비용의 낭비일 것이다. 그리고 필자는 음식료와 같이 발명의 기술 분야에 따라서는 특허를 받아도 특허권을 행사하기가 여의찮은 경우도 있다는 의견을 제시한 바 있다. 물론 이는 특허제도의 배타권이라는 본질에 충실한 관점에서 보았을 때는 합리적인 해석일 수 있다. 그러나 근래에는 전통적인 특허제도의 본질에서 파생되는 효과와 우리나라에서 두드러지는 것으로 보이는 특허의 새로운 효용도 생겨나는 것이 아닌가 하는 생각을 하게 된다.

디지털 휴대전화 사업의 초기에 017 접속번호를 쓰던 신세계 통신의 TV 광고들 중에서 개그맨 이창명 씨가 마라도 해상에서 "짜장면 시키신 분"이라고 외치는 광고가 유명해졌다. 그 영향 덕분인지 지금도 마라도 선착장의 주변에는 짜장면 가게들이 성업 중인데, 그중 첫 번째 짜장면 가게는 특허 표지판을 크게 놓고 영업하고 있다. 검색해보면 톳을 이용한 짜장면 관련 내용으로 특허받았다가 수년 전 등록료 불납으로 소멸되기는 하였지만, 적어도 큰 표지판을 만들 정도의 경제적 효용을 가졌기 때문인 것으로 생각한다.

특허를 활용한 마케팅은 우리나라뿐 아니라 글로벌시장에서도 종종 볼 수 있는 형태인 반면, 우리나라에 특유한 효용으로 보이는 특허의 용도들도 있다. 그중의 하나는 이노비즈 인증과 같이 정책적 수혜를 입는 데 유용하다는 점이다. 또한 조달청의 공공판로 지원 활성화를 위한 사업으로 특허·실용신안이 적용된 제품인 경우, 우수제품으로 지정되어 국가계약법령에 따른 수의계약이 가능하며 다양한 판로 지원을 받을 수 있다. 물론 보유 특허의 건수를 계수하여 점수를 매기는 것이 합리적이냐는 논의와는 별개로, 연구개발을 위한 최소한의 노력을 대외적으로 증빙한다는 측면에서 긍정적으로 볼 수 있을 것이다.

시대의 흐름에 따라 제도가 분화하듯 특허제도뿐 아니라 특허의 쓰임새도 다양해지고 있다. 특허권자들이 특허의 본질과 더불어 용도가 창출하는 가치도 챙길 수 있기를 바란다.

📋 누구를 향한 특허인가?

필자는 이전의 기고를 통해 좋은 특허란 내가 심적으로 만족하는 것이 아니라, 돈이 되는 것이라고 하였다. 특허제도의 시작이 발명의 공개를 통한 혁신 추구뿐 아니라, 특허 기술의 실시에 관한 배타권을 보장하여 경제적 이익을 추구하려는 지극히 수익을 추구하려는 목적에서 출발하였다는 점에서 돈이 되는 특허가 좋은 것이라는 주장은 결코 부끄러운 것이 아니라고 본다.

특허가 돈을 벌어주는 방법에는 특허권자가 특허권을 행사하여 손해배상을 받거나 라이선스를 주고 로열티를 받음으로써 현금흐름을 창출하든, 타인으로 하여금 특허발명 대신 더 나쁜 기술을 쓰게 해서 나의 매출을 늘리든 공통적으로 고려할 사항이 있다. 내가 취득한 특허가 누구의 서비스나 제품에 매칭될 수 있을 것인가이다. 본 고의 제목에서 누구를 위(為)한이 아니라 향(向)한 것인지를 묻는 것도 그러한 사유에서이다.

이처럼 특허가 향해야 할 방향은 출원에 앞서 정해져야 할 사항이고, 그 목적에 따라 출원과 향후 관리하는 데 소요될 자원의 크기도 조절해야 한다. 예를 들어 소수의 경쟁기업이 존재하는 시장에서 사업을 영위하는 회사라면, 경쟁사의 특허와 기술 동향을 참고할 것이다. 이는 특허경영과 특허관리 부서를 보유하는 전형적인 경우인데, 경쟁사를 견제하는 데 요긴하게 쓰인다면 남이 보유한 특허들을 매입하는 것도 좋은 선택이다.

공공연구기관이나 대학이라면 논문 성과가 중심이고 특허는 부수적인 산출물로 취급되는 경향이 있지만, 잠재 수요 기업을 염두에 두고 특허출원과 관리가 이루어지는 것이 바람직하다. 또한 표준특허 풀이 활발하게 운영되는 분야라면, 표준화 논의의 틀을 면밀히 검토하여 분할출원, 청구범위유예제도 및 우선권주장을 적절히 활용해야 한다. 표준특허로 삼고자 할 때는 해외 출원 국가 선택 시 로열티 수입을 국가별로 고려할 필요도 있을 것이다.

아무쪼록 처지를 바꾸어 생각하기에 따라서, 자기만족이 아닌 유용한 특허가 많이 만들어지기를 바란다.

📋 영감은 주기 싫고 보호는 받고 싶고

　　몇 년 전 필자는 지인의 소개로 디자인권 관련 상담을 하였는데, 본인이 인터넷을 통해 판매하는 제품의 디자인을 보호받고 싶다는 것이 요지였다. 한 다리 건너 이야기를 나누게 되면 사실관계가 정확하게 전달되지 않고 질문자의 의도가 왜곡되는 데다 한 번에 궁금증이 해소되지 않는다. 그럼에도 어떤 피치 못할 사유가 있었는지 직접 상담한 적이 없어 결과가 어떻게 되었는지는 모르겠다. 그러나 산업재산권의 배타권과 공개제도라는 근간에 대해서 여러 가지를 생각하게 하는 계기가 되었다

　　그 온라인 제품 판매를 하던 사업가가 이미 전자상거래 플랫폼에서 판매 중인 물건의 디자인에 대한 독점권을 받고자 한다고 할 때, 창작 내용이 공개되었으니 신규성 상실의 예외를 먼저 떠올렸다. 그런데 중개자를 통한 세 번째 상담을 통해 알게 된 것은, 그 디자인은 타인이 창작한 것이라는 점이었다. 내가 창작하진 않았지만, 그 디자인이 적용된 물건의 독점판매를 원했던 것이다.

　　상담을 요청한 분의 디자인권 취득 의도를, 비유하자면 남의 아이디어를 자기가 독점하게 해달라는 셈이니 애초에 그릇된 희망이다. 설사 그가 창작자이거나 출원할 권리를 넘겨받았다 해도 한 가지 문제가 남는다. 그 내용이 언젠가는 공개된다는 점이다. 다행히 디자인권은 특허와 달리 비밀디자인 제도를 통해 권리는 가지면서도 일정 기간 남에게 영감

을 주는 공개를 피할 방법은 있다. 그러나 문제를 잠시 비켜나갈 수 있겠지만 영원히 비밀로 할 수는 없다.

물품의 외관이 아닌 발명으로 눈을 돌려보면, 특허제도하에서는 강제 공개가 이루어진다는 점에서 특허출원 결정은 디자인처럼 출원공개를 신청하지 않거나 비밀 유지를 택할 수 없다. 따라서 기술 표준이 수립되지 않은 분야의 소프트웨어라든가, 제조 공정과 같이 제3자의 침해를 탐지하기 어려운 분야에서는 출원하지 않고, 비밀노하우로 간직하는 방안을 함께 고려해야 한다. 코카콜라의 비밀레시피에 관한 소문이나, 마복림 할머님이 신당동 떡볶이 비법을 며느리에게도 가르쳐주지 않았다고 하는 것은 괜한 이야기는 아니란 사실이다.

스타트업과 소상공인을 위한 지식재산권
(특허·상표디자인의 세계)

초판 인쇄 2022년 10월 10일
초판 발행 2022년 10월 17일

지은이 장진규·정성훈
펴낸이 노소영
펴낸곳 마지원

등록번호 제559-2016-000004
전화 031) 855-7995
팩스 02) 2602-7995
주소 서울 강서구 마곡중앙로 171

http://blog.naver.com/wolsongbook

ISBN 979-11-92534-01-5(03320)

정가 **18,000원**